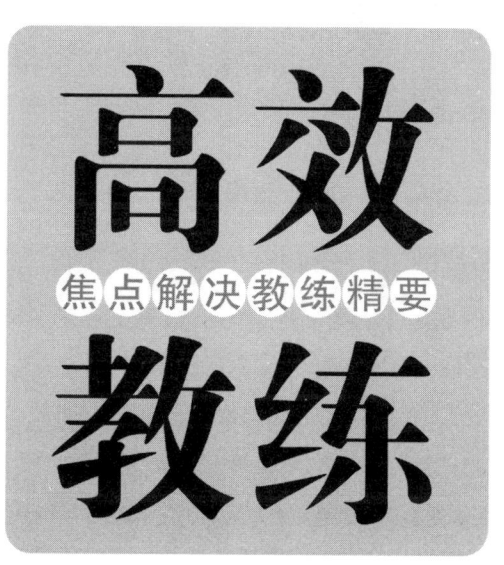

高效教练

焦点解决教练精要

〔瑞士〕彼得·邵博（Peter Szabó），〔瑞士〕丹尼尔·迈耶（Daniel Meier）著

陈子涵 译

COACHING Plain & Simple: Solution-focused Brief Coaching Essentials
Copyright © 2008 by Solutionsurfers GmbH / Weiterbildungsforum
Translation copyright © 2009 by Peter Szabó, Daniel Meier, and Kirsten Dierolf
Simplified Chinese translation copyright © 2014 by Ningbo Publishing House
Published by arrangement with W. W. Norton & Company, Inc.
Through Bardon-Chinese Media Agency

博达著作权代理有限公司
ALL RIGHTS RESERVED
版权合同登记号：11-2014-269

图书在版编目（CIP）数据

高效教练：焦点解决教练精要/（瑞士）邵博（Szabó,P.），（瑞士）迈耶（Meier,D.）著；陈子涵译.—宁波：宁波出版社，2014.11（2022.3 重印）
ISBN 978-7-5526-1875-4

Ⅰ.①高… Ⅱ.①邵… ②迈… ③陈… Ⅲ.①企业领导—心理咨询 Ⅳ.① F272.91

中国版本图书馆 CIP 数据核字（2014）第 261517 号

高效教练：焦点解决教练精要
〔瑞士〕彼得·邵博（Peter Szabó）
〔瑞士〕丹尼尔·迈耶（Daniel Meier） 著
陈子涵 译

责任编辑	陈　静
责任校对	王　丹
装帧设计	金字斋
出版发行	宁波出版社
地　　址	宁波市甬江大道 1 号宁波书城 8 号楼 6 楼
邮　　编	315040
购　　书	0574-87286804　87242865
印　　刷	浙江新华数码印务有限公司
开　　本	880 毫米 ×1230 毫米　1/32
印　　张	4.75
字　　数	110 千
版　　次	2014 年 11 月第 1 版
印　　次	2022 年 3 月第 6 次印刷
标准书号	ISBN 978-7-5526-1875-4
定　　价	28.00 元

To readers

There are three good reasons why I am particularly happy to be able to offer this book to Chinese readers:

– Respect and appreciation are highly valued in China and so what seems a paradigm change to some western readers, will seem natural in China and hopefully reinforce traditional understanding of effective communication.

– China is living times where meaningful things happen at incredible speed and preferred futures are created with great success. Brief Coaching will hopefully encourage many individuals to take proud part in this collective success story.

– China offers the unique possibility for Coaching to leap forward and make a fresh start in its advanced form and grow even beyond.

I thank my Chinese readers for their contribution in making the best of these opportunities and wish you a lot of happiness and gratitude on the way.

致中国读者

我特别高兴地向中国读者提供本书,原因有三:

第一,我的中国学员们对焦点解决展示出了非同一般的尊重和欣赏,他们给予我巨大的信心。焦点解决在中国的发展前景将会一片光明。

第二,中国正处在一个飞速发展和未来无可限量的时代,焦点解决必然会激励许多人在这种大潮中创造出更多的成功故事。

第三,中国为教练提供了一个独特的平台,教练会在这里拥有一个全新的开始,继而迅速增长并达到一个全新的高度。

感谢我的中国读者们!正因为有了你们,焦点解决教练才能在中国播种。我预祝你们在教练的路上收获到更多的幸福和感恩。

彼得·邵博(Peter Szabó)

推荐序

几年前,我准备飞去瑞士巴塞尔第一次拜访彼得,在打包好之后,我发了封邮件给他:"彼得,你需要我从加拿大带什么给你吗?"彼得回邮件说:"当然有,你自己和一包卡夫棉花糖。"接机时,彼得听到了在我随身携带行李中沙沙作响的棉花糖包装的声音,他显示出了令人难以置信的兴奋和欢迎。无论是在课堂上还是在课外,与彼得的相处总是让人感觉简单轻松,而他这种一贯的对话风格为大家开辟了更大的空间,让人感受到了被爱和获得归属的感觉。

近几个月来,我很荣幸一直在与我的中国同事们进行密切的合作。这一切都源于一位不断追梦的女士,她就是陈子涵。通过她,焦点解决教练的核心理念才能在中国进行传播,她也让我认识了更多的中国朋友并与之分享焦点。在不断了解这些中国焦点解决播种者们的过程中,我越发地被他们的尊重和智慧深深打动,我也真正理解了彼得的那句话:"焦点解决就像一件旧夹克一样,没有哪件衣服比它更合身。"

在过去的几年中,我与彼得之间类似这样的故事还有很多很多。在此,我也很荣幸能够将这本书推荐给读者,因为作者致力于用对话的方式来潜移默化地转变读者的假设,改变读者的语言。尤其在当下,教练似乎已经扩散到了各个领域,渗入了每个人的生活。而焦点解决也给大家提供了一种最尊重人、最少侵入感、十分精妙的交流方式。

这本薄薄的在轻松中发人深省的书,已经对我们的生活产生了影响,而这种影响力也已经传递给了这些"温和的巨人们"——我心爱的中国朋友和同事们。我衷心地希望中国读者们能够通过这本书改变自己的对话,无论是在家庭、在学校还是在你的工作中。

Haesun Moon

(作者系多伦多大学社会工作学院及焦点解决中心项目主任及导师)

校阅者序

焦点解决（SOLUTION FOCUS），也称为"聚焦解决"，是一种解决问题的新范式，兴起于20世纪80年代，它以关注当事人能力和对未来的希望作为问题求解的基调，强调澄清未来、调动自身优势、前进一小步！因为凸显了"相互尊重的重要性"、"当事人主观能动性的价值"、"对话和发问的力量"，所以形成了一种以"积极正向、筑梦踏实"为独特魅力的沟通方式。本书介绍了焦点解决在教练领域中的应用。正如它的名字一样，这本不是很厚的书采用了极其精练的语言向我们呈现了高效教练的魅力！仔细阅读本书，你一定会感叹，教练原来真的可以如此简洁且高效！

值得一提的是，校阅本书的不久前，刚刚接受作者之一彼得·邵博的高阶培训师课程培训。尽管有着十余年的焦点解决咨询、治疗学习经验，但彼得的教练课程还是带给了我震撼。之所以用了"震撼"，原因并非在于课程讲授得如何完美，而是在于彼得全然采用了焦点解决状态给我们示范了什么是焦点解决教练，因为他在培训中的一言一行就是焦点解决的展示。此刻再次翻阅他的这本著作，眼前还能浮现他身传心授的身影！一位活在焦点解决状态中的大师！

这里还要特别感谢本书的译者——移民加拿大，选择了从事焦点解决教练的 Martina 陈女士。她有着化工和企业管理背景,最终成为非常优秀的焦点解决教练。我以为,她的学习和转变过程至少证实了一点:教练不是某一个专业的专利,教练是可以人人学习掌握的,即便你只是为了改变自己或者教导孩子。我真正想说的是:教练是一门人人都可以也有必要掌握的对话艺术,而焦点解决教练更有它积极正向、简洁高效的优势。

最后,希望这本译著的完成,能够协助更多想"激发潜能"或想"实现改变"的人们,能马上在生活、工作中实践焦点解决教练的精义!

骆宏博士

(作者系杭州市五云山疗养院院长、浙江理工大学心理系教授,《焦点解决模式:理论和应用》合著者,《焦点解决治疗:理论、研究与实践》主译)

译者序

这本书是我在多伦多大学继续教育学院参加焦点解决教练课程时发现的。老师、同学都把它称为"焦点教练白皮书",建议人手一本。作者就是从瑞士来给我们上课的彼得·邵博老师,一个完全颠覆了我心中大师级教练形象、风格迥异的大师。

乍一翻这本书,我第一感觉就是这么薄的书能有什么分量呢?当我带着这样的疑惑回到家里细翻看时就被它深深吸引了。正如推荐者所言,这是一本如此简明扼要、如此浅显易懂、如此深入浅出的焦点解决教练的浓缩版,是一本焦点解决教练学习者的纲要指南,涵盖了焦点解决教练教学的所有精华。我如获至宝。

本书的第一章,彼得通过在瑞士的一个小镇上,看到一个做画框的艺术家,谈到从不同视角解读教练是什么。教练根据客户的目标、解决办法、一小步行动,为客户选择适合的画框。画框由教练制作,是由以结果为导向的问题、有价值的反馈、现场倾听、有用的概要组成,给客户足够的时间空间去厘清他的想法、目标、资源和一小步行动。作为教练,要保证每一个客户得到适合的画框。作者通过案例清晰讲述如何支持客户,如何在提升客户自我认知、拓宽更多的选择、增加自信方面,帮助客户做出改变。

第二章探讨作为高效焦点教练的重要假想。比如解决方案和分析问题没有必然联系，我们可以直接关注结果。再如客户拥有成功解决问题的过往经验，还有要持有有价值的未知状态。同时在这一章，会通过橡树种子的生动描述，阐述关于客户的信任。作为教练如何耐心地用敏锐的观察力去察觉客户任何进步的迹象，就如同看到橡树种子发芽的最微小的变化等等。客户是解决自己问题的专家，这是焦点解决教练的重要理念。

第三章就概述了教练谈话的流程，达成合约、期待的未来、过往经验、形成策略、反馈收尾。接下来的四到九章，具体通过案例详细介绍，每一流程具体如何有效掌握。第十章讲述初期教练完成后，如何进行后续教练，以及第十一章三个例子介绍如何做领导力教练，最后第十二章分享了教练的状态和艺术。

从作为遇见此书的初学者，到现在已经成为焦点教练的学习者和中国焦点教练的推动者，我依然认为它是我学习焦点教练、运用焦点教练并随身携带的重要参考书。看似很薄，内容不多，但却给人一种"麻雀虽小，五脏俱全"的感觉。无论你是否走进焦点教练领域，这本书都可以成为你转变观念、提升自我觉察、创建良好人际关系、提升领导力的良师益友。

陈子涵

（作者系加拿大焦点解决中心中国代表处首席代表、北京智慧海国际教育咨询有限公司董事长）

目 录

前言 1

第1章 什么是教练 3

创造解决的框架 3

意识、选择和信任：发生改变 7

支持客户为本的改变 9

实践练习 11

第2章 有关高效的有用假设 13

假设1：创建解决方案是通向解决问题的捷径 13

假设2：客户已经拥有解决的经验 17

假设3：不能确定时，相信客户 18

假设4：未知是有用的 21

实践练习 23

第3章 焦点解决会谈的要素 25

要素1：教练合约 26

要素2：期望未来 26

要素3：解决先兆　26

要素4：进展线索　27

要素5：总结会谈　27

第4章　教练前准备　29

实践练习　31

第5章　达成教练合约　33

牢记"以终为始"　33

双人探戈　38

实践练习　39

第6章　探索期待的未来　41

跳出问题看未来　41

慢动作式的奇迹发问　45

奇迹发问的替代发问　49

实践练习　51

第7章　发现解决的资源和迹象　53

询问迹象　53

重视应对的能力　56

赞美资源　57

刻度化提问　59

实践练习　61

第 8 章　确认进步的线索　63

对呈现进步的迹象询问　63

有效运用语言　66

一小步的重要性　67

增加选择　71

实践练习　72

第 9 章　会谈的收尾　75

规划最后的几分钟　75

欣赏式强化　77

关于尝试的建议　78

做点不一样的　79

实践练习　84

第 10 章　后续会谈　85

询问什么变好了　85

谦逊的客户　90

提高刻度化评分　91

没有好转时发生了什么　92

进一步会谈　94

实践练习　96

第 11 章　高管教练的三个案例　97

案例 1：为领导角色做好准备　98

案例 2：影响老板　102

案例 3：职业决策　104

实践练习　107

第 12 章　超越技术：坚持学习　109

教练状态的艺术　110

与客户共同创造的艺术　110

放手的艺术　112

实践练习　120

常见问题答疑集锦　123

参考书目及相关网站资源　129

后记　131

前　言

成功的教练过程并不一定需要花费很长的时间。也许你问过自己这样的问题：

⊙ 为什么有时候客户在非常有限的时间里，会取得突破性的进展？

⊙ 是什么让有些教练会谈变得更为有效？

本书讲述的就是教练如何高效工作的基本成功要素。特别是与其他教练模式所强调的那些要素相比，你会发现我们提出的要素令人惊讶地简单。你可以期待的好处诸如从客户那里不断听到有效改变的反馈，同时让教练过程更为轻松和简约。作为教练你会从中获得新的技术，也许还会抛弃一些从前的技巧。你可能也会挑战你现有的关于成功教练的信念，拓展一个更广阔的职业选择范围。

焦点解决模式由包括茵素·金·伯格（Insoo Kim Berg）和史蒂夫·德·沙泽（Steve de Shazer）在内的密尔沃基研究小组发展于20世纪80年代。这个小组的目的是找到那些能够高效有用地帮助来访者成功实现目标的因素。他们开始探索"什么可能起效",以代替寻找"什么导致了问题"。通过专注于创建解决方案,他们能够将平均咨询时间减少 70%——同时保持了与更常规治疗形式同样的成功率。他们并没有遵循某种理论模型。相反,他们以非常清晰的聚焦方式来研究他们的会谈:哪一些问题和干预导致了来访者生活中那些有用的结果?经过多年的提炼和进一步的归纳,他们提出的这些简单的会谈要素,在如何持续进步方面呈现出显著的格局变化。

1997 年,彼得·邵博开始将这些焦点解决的发现引入教练领域。他在瑞士创立了一所教练学校,目标是将这些用于治疗环境的工具和流程改造成适用于商业和组织的教练及咨询的工具和流程。他的成果被称为焦点解决教练或高效教练。

丹尼尔·迈耶(Daniel Meier)后来为教练团队开发了焦点解决模型。他也将高效焦点教练技术改进用于管理。

由彼得和丹尼尔创建的焦点冲浪教练中心(Solutionsurfers)位于(瑞士中部的)卢塞恩市,已经成为瑞士首屈一指的教练培训机构,目前向全世界提供焦点教练培训课程。经过十多年的教练培训和实践经验,我们认为是时候写一本关于高效焦点解决教练的书了。你将会看到一个简短的介绍、所有必要的工具以及这个新兴的、与众不同的教练模式背后的那些中心假设。

希望你们能享受其中的乐趣!

彼得·邵博　丹尼尔·迈耶

写于卢塞恩市的焦点冲浪教练中心

2008 年 9 月

第 1 章　什么是教练

"到底什么是教练？作为一个教练你们整天都做些什么？"事实上，我们有时会看到提问人的脸上一丝讽刺的微笑。从管理支持服务到健身俱乐部里自称为健康教练的女士，"教练"这个词实际上运用得非常广泛。我们先要澄清一下书中所指的教练的含义。

创造解决的框架

在瑞士城市的一个邻近小镇，至今还可以找到一位真正的画框制造者。当你站在他的小店前，透过商店的橱窗，你可以看到那些还没有装饰的框架，部分或全部镀了金的画框，有艺术雕刻的框架，彩色的、黑色的、金属的和木质的框架：很多选择。数不清的画框在那儿等待着属于它自己的绘画作品。通常只有在一件艺术品被放到了一个合适的框架里的时候，我们才能更好地欣赏它的色彩和景象、它所传达出的意境和信息。伦勃朗曾经说过，在他整个职业生涯里，找到一个合适的画框比画一幅画更困难。

很少有人掌握为画配上一个框后,使它能完全展示它所要表达的内容这门艺术。

制作画框的艺术和工艺与教练有许多相通之处。作为教练,我们为客户创造一个(思维的)框架,客户的目标、解决方案以及第一步行动都可以在其中闪耀显露。教练创建的这个框架包含了目标导向的提问、强化反馈、倾听和有用的提炼。客户有时间和空间去整理出他或她的想法,设定具体的目标,意识到资源的存在,并且计划下一步行动。确保每个客户都得到适合的框架,这是教练的任务。但是正如画框制作者一样,教练绝不主动创造画。

教练实例

蝴蝶无须战斗 —— 夜间的一个紧急教练

一天晚上,我接到比阿特丽斯·M* 给我手机上留的语音邮件。我是在几个月的团体工作坊上认识的比阿特丽斯。她在一家大银行的某个服务部门当头儿。她的声音听起来有些绝望:问我能不能今晚给她回电话 —— 不管多晚。她等着我的回电。她需要一个紧急的教练会谈来挽救她的工作局面。

我大约晚上9点工作坊结束后给她打的电话。她说那天下午她从新老板的秘书那里收到一封电子邮件,邮件里包含了关于新的部门组织架构的 PPT 文件。在这个新的组织架构里没有她和她的部门,就这么消失不见了,她不知道该怎么办。

---

* 所有的教练案例都来自我们的真实个案。出于保护隐私的考虑,所有名字和组织都做了修改。

起先，比阿特丽斯躲在办公室里，后来两次试图给她的老板打电话，但是没有用。当她告诉我她发现这个情况时觉得有多卑鄙和侮辱人，以及她对这种公司文化真的无法忍受时，我注意到她几乎要哭出来了。她还跟我谈到她以前的老板，多么重视她的工作，欣赏她并给她施展的空间。我问比阿特丽斯现在我怎么能够帮到她。她说希望能和我一起计划接下来她该做些什么。

> 教练是……创造一个参考的框架，使客户有可能在其中找到新的解决方案。

她应该如何处理这个情况呢？在那个时刻，她这样想，她真的不知道该做些什么。

比阿特丽斯：我真的需要知道明天，最好是今晚，我该做什么。我得快点——否则我就不在这个组织架构图里了！我不想让他们这样把我赶走。

教练：我一边听你说话的时候，一边在问我自己，在你的生活里是否曾经出现过和这个一样的困难，而你成功地作了处理的情况。

比阿特丽斯回忆起两件事，她为了她的部门和她的项目"像头母狮子一样"战斗——最终取得巨大的成功。但是她一遍又一遍地说那时候她是带着激情在战斗——而今天只有愤怒。今天，她太累了，甚至无法积聚力量把这种愤怒表达出来。

我说，"看看现在的情况，你已经发现的和你刚才说的话，你想要用什么来替代你的愤怒？"

在电话的那一头出现了一阵沉默。

比阿特丽斯：我想要冷静而不费力地完成我的工作。我想要受到赏识并把欣赏传递下去。平静而轻松——就像蝴蝶那样工作。

教练：我还不太明白——确切地说，你的目标是什么？蝴蝶愿意停留在上的那花朵看起来是怎么样的？（再次沉默）

比阿特丽斯：蝴蝶不需要为做工作而战斗！现在我清楚的是我也不想再战斗了。我累了，不想再不断地证明我是能胜任的。明天，我去和老板谈话的时候，我会设法为我那八位团队成员在新的组织里找到好的位置……但我真的不想再在这里工作了。最好的办法会是我给自己放两三个月的假，去寻找真正适合我的工作。

当比阿特丽斯意识到她的新目标后，她的下一步也清晰了。在教练过程中，通过教练创造的这个框架，她可以理顺思路，而一开始她的思路陷在一潭泥沼中无法自拔。她可以重新聚焦她真正想要什么并从中描绘出清晰的目标。比阿特丽斯利用这个时间为自己做了重要的决定。

最后几分钟教练会谈我们从不同角度考虑了她辞职的决定,以及是什么给了她敢于走出这一步的信心。绝望让路于谨慎的希望和对未来的信心。

会谈三个星期后,比阿特丽斯给我写了一封短短的电子邮件,告诉我她已经为她的八位团队成员中的七位找到合适的岗位,第八位正在内部申请的过程中。她的老板甚至希望留住她来负责一个战略项目,但是比阿特丽斯坚持辞职。她写道:"我期待着成为一只蝴蝶的时光!"

意识、选择和信任:发生改变

比阿特丽斯的案例帮助我们阐明了教练这个概念。教练首先应该用它的效果来定义。接受教练服务的客户只因为会谈为他或她创造了有用的效果而付费。我们赞同蒂莫西·加洛韦(Timothy Gallway)*的观点,他将教练的效果建构

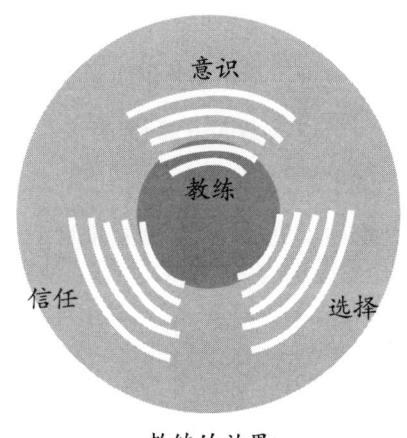

教练的效果

---

* W.Timothy Gallway 是美国最早的教练之一,他们发现了聚焦意识的力量并持续地应用,尤其是在运动领域(参考 Gallway.*The Inner Game of Work*. Random House,2000:48)

为三个方面,如图所示。

教练的效果

增强意识

　　意识有点像手电筒的光。我们把光束照到哪里,哪里就能在黑暗中被看见。客户常常是带着手电筒来找我们,他的光束指向的是问题——其余都在一片漆黑中。那就像比阿特丽斯的情况。在她的绝望中,她只看见她老板不可思议的行为,他甚至没有跟她聊过或让她做准备就取消了她和她的部门。比阿特丽斯只能感受到她对此的失望和愤怒。

　　她的教练提出的问题使她能够将她的手电筒的光束照得更宽些。比如,她发现过去她能够在类似的情况中做些有用的事情。把光束照到她的目标上时,她清楚了如何利用这个情况。

　　通过拓宽光束并将它照射到对客户有用的新领域上,原先处于黑暗中的不同方面和细节将成为可见的。客户意识的焦点也拓宽了。客户感知到了他或她所处现实的其他部分,重新描述它并产生出更多选择。客户带着不同的觉察离开了会谈。

增加选择

　　一开始,比阿特丽斯陷在问题中,她看不到做点有用事情的任何可能性。具体化的小的行动步骤对她来说几乎是不可想象的。

　　有时,客户带着他或她是否必须做 A 或 B 的问题来找教练——他或她也看不到 A 或 B 有任何其他替代选项,虽然 A 或 B 都不是真正令人满意的解决方案。

在教练会谈中，客户得到新的选择并且发现他们可以引发出自己的想法。这常常引导客户发现他们有能力创造和影响他们自己的未来，而不仅仅是环境的受害者。他们开始意识到他们有广泛的选择。

提高自信

客户自信的提升和对自己能够掌控困难局面信心的提升是教练非常重要的效果之一。而信心则是采取小步行动去改变的先决条件——如果你相信自己，你就能够去尝试新的和不同的事情。教练会谈创造了一个框架，在其中客户能够意识到他或她的能力和资源，并且能够利用它们。自信是使用自己资源的钥匙。在这个案例中，比阿特丽斯意识到她的能力，她曾经用它们克服了和眼下她遇到的一样困难的情况。在与教练的会谈中，她重新发现了她的潜能。重新发现你的能力会增强你的信心、坚定你的信念，那样又使你能够在你目标的方向上迈出坚实的步伐。

支持客户为本的改变

在我们的理解中，教练支持客户创造他或她的解决方案。创造解决方案的过程保留了客户的责任感。这就是为什么教练在实践中总能有着适合的结果。教练的目标总是帮助人们去帮助他们自己。在这个过程中，成功的教练使他们自己越来越成为多余的人。当客户离他或她的目标更近的时候并且不再需要教练的时候，教练就成功了。

> 最好的解决方案不是客户定制——而是客户自制。
>
> ——迈克·戈兰(Mike Goran)

我们喜欢把教练定义成这样：带领一位重要的人物从他或她目前所在的地方去到他或她想要去的地方。我们很看重这个定义，因为它优雅地描述了一个教练的元素，我们视之为教练会谈中的核心特征。

定义说：他或她想要去的地方。决定旅程去向哪里的不是教练，而是客户。因此，教练的一个最重要的任务是留足够的时间让客户阐述他们的目标以及达到这些目标的结果。客户探索他们的目标、他们的解决方案、他们通向目标的路径，这样做可以确保教练过程能发展出适合个人的、客户化的可实施的解决方案。对比阿特丽斯来说，最有帮助的拐点发生于她能够系统地阐述她真正想要什么——平静而轻松地工作——的那一刻。从那一刻起，接下来的步骤都清晰可见，并且容易定义。

因而，教练过程可能必须与"coach"这个词最初的意思相联系：一个赶马车的人或是出租车司机帮助顾客从他们所在的地方去向他们想要去的目的地。

在每一章的结尾，我们都希望鼓励你用自己的实践去证实我们所写下的东西，并且带着高效教练的概念去完成你自己的体验。这就是为什么每一章我们都创造出一个小实践练习让你去尝试的原因。

在我们的理解中，教练是非常个性化的艺术。这些实践练习也许能帮助你显露出你自己的教练风格，并支持你自己的学习。

实 践 练 习

找出你的教练结果。抛个硬币，如果是正面，在你会谈结束时请你的客户允许你做一点研究：

⊙对你(客户)来说，相比会谈之前，会谈以后事情有什么不同？

⊙在这次会谈中，什么特别有用？

将回答列表，观察它是如何影响你的教练过程的。

第 2 章　有关高效的有用假设

如果高效焦点解决教练实践了它所倡导的，焦点教练过程就应该在相当短的时间里完成。但是，是什么帮助教练关系保持简短的呢？教练们能做些什么使得客户快速达成可持续的解决方案呢？

在接下来的段落里我们会解释：一方面，我们提出了一些有用的假设来帮助我们努力做到这点；另一方面，我们使用经过实践检验的一套教练工具和会谈架构来帮助教练保持着高效。我们会在后面的几章里描述这些工具。

我们的假设影响着我们的行动——对高效教练也一样。高效教练呈现出四个核心的有用假设。

假设1：创建解决方案是通向解决问题的捷径

乍一看，解决方案的创建和解决问题之间的区别并不非常大——但是，在焦点解决实践中，这个差异是至关重要的。

客户通常在遇到自己无法解决的问题时来找教练，那时他们困在问题中无法自拔。我们通常是必须要仔细地分析问题以找出合适的解决方法。所以，比如，当一个部门负责人抱怨办公室压力并且告诉教练晚上睡不着觉、常常感觉疲惫和精力缺乏，那么教练会问"为什么"，努力弄明白问题的由来是基于这样的假设：通过解释清楚问题，来找到解决方法。

我们的高效教练实践告诉我们，如果我们遵循一种不同的流程，我们可以帮助客户更容易地获得可持续的结果。使用目标导向的提问和干预，我们尽可能多地支持客户创建他们想要的解决方案。在教练会谈中的大部分时间是用来寻找更多客户的目标、期待的积极效果以及先前的成功经验——完全忽略了分析问题。

在高效教练中，我们假设解决方案与问题无关。说得挑衅一点：解决方案不在乎问题为什么会发生。

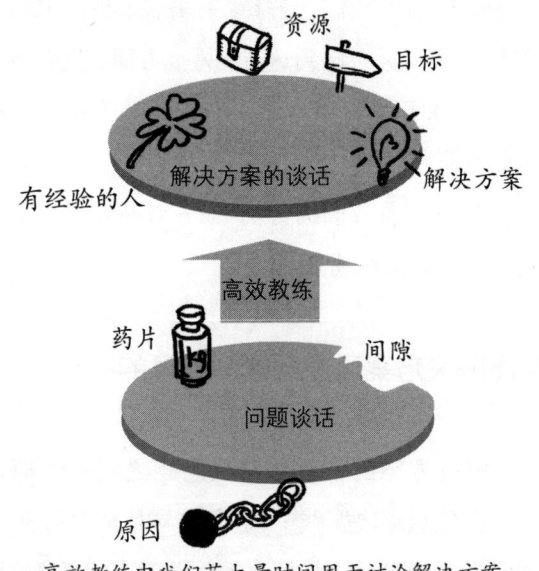

高效教练中我们花大量时间用于讨论解决方案

你想要培养哪一种意识是你自己的选择。你可以使用提问去创造对客户问题的意识——那样你很有可能以"为什么"开始你的提问。你会和客户一起发现问题的新的方面，然后发现情况真的很困难。或者你可以瞄准提高对解决方案的意识。那么你就会问关于目标、现有资源和最先取得的小成功是什么。

我们常常发现增强对解决方案的意识的提问能澄清事实并重新点燃客户的能量。这第一个假设——教练帮助客户创造关于解决方案的意识——听上去也许有一点抽象。用我们的英国同事哈里·诺曼（Harry Norman）的例子来说明。

教练实例

办公室里的焦虑发作

一位行政助理，简，联系哈里要求做一个教练会谈，这是一个大的教练合同中的内容。她告诉他，她在办公室里焦虑发作，并描述说有潮红和呼吸短促。

如果用传统的模式，教练可能会问为什么会焦虑并且试图找出焦虑从哪里来，假设找到解释后可能会有解决方法。教练用这样的假设来开展工作：在问题的原因和解决方法之间有关联。在教练书籍中你可以找到一些提问，比如：

⊙ 在你的日常生活中，问题是如何确切地呈现的？
⊙ 你认为它是从哪里来的？
⊙ 想象一下你处在问题发生的那个情景中。描述你的感受。你看到了什么,感觉到了什么,等等。

⊙你是否认为这些焦虑发作是一种旧模式,那种"你必须完美"的模式的一部分?

这种提问通常都引向一个有多种行为和任务的计划。在上面这个焦虑发作的案例里,教练要找出是什么扣动了扳机引发了焦虑发作。他可能会得出结论说,简缺乏一些知识和能力去完成她的工作。这种情况下,他会建议她参加一些培训以获得那些知识和能力。或者,教练会发现简的老板是个很讨厌的坏脾气的家伙。如果这是原因的话,简应该试着先去解决她和老板之间的问题。或者,恐惧是问题发生的根源。那么教练和客户可以对恐惧进行处理。也许教练会说,"哦,我认为这是个需要长程治疗的个案。作为教练我认为我做不了什么!"

哈里·诺曼响应了简的要求。在他们的教练会谈中,他问了两个最重要的问题:

⊙如果你的问题解决了,会有什么不同?
⊙焦虑没有发作的时候是什么样的?

在这些问题的基础上,简能够想象或创造一种未来的环境,在那里她真正地喜欢她的工作。她获得了机会、时间和教练饶有兴趣的关注,使她能描述一种她的目标可以达到的理想场景。回答第二个问题时,她评论道,出乎她自己和哈里的意料,这个理想的场景已经发生了——每个周二都会发生。每周二，简和一位她非常喜欢的同事一起吃午餐。这顿午餐很明显在某种程度上——我们并不知道确切的程度是什么——帮助简达到了她理想的状态。会谈后，简组织更多的与友善的同事们一起午餐的活动，确实达到了她想要的效果。

艾尔伯特·爱因斯坦曾经说过的一句话很适用这个故事："在意识水平产生的问题不能在同样的意识水平得到解决。"

高效教练与其他教练模式的核心差异之一在于，我们主要致力于创造对解决方案的意识。我们的发问引导客户从探查问题的水平转换到探索解决方案的水平。哈里·诺曼只用了一个提问就展示了这个转换——关于想要的未来解决状态的提问。

此外，我们几乎不需要知道最初问题的情况。我们可以用简单的目标导向的发问来创造一个新的现实；不只是可以忍受的现实，而且是为客户完全开启新的选项和选择的现实。

假设 2：客户已经拥有解决的经验

简的例子说明发现已经在起效的因素对用户来说是非常有用的——这是高效教练的另一个假设：问题不会以同样的程度一直出现。问题有不出现的时候，或者以较为温和的形式出现的时候。作为教练我们相信这样一个事实，客户已经有了一些解决的经验，他们已经经历过或长或短的、问题不那么严重或根本没发生的时期。

> 没有任何问题会总是存在着——或者一直以同样的强度存在。剩下的时间里发生了什么?我们怎样利用这些经验来创建解决方案?

作为教练,我们有兴趣找出客户如何创造出这些不受问题困扰的时候。他们的贡献是什么?什么资源帮助他们经历这些例外?发现的结果可以是开发解决方案的重要信号。史蒂夫·德·沙泽说:"如果有用,多做一点!"这就提醒做教练的要带领我们的客户仔细探寻过去的资源,并找到想要的解决方案的或大或小的迹象。

这个案例中,回想起与同事常规的午餐约会对简来说是非常有用的。不可否认,这是个令人意外的简单发现。但是为什么我们不用它来支持简为自己创造一种更好的工作生活呢?为什么不去发掘更多午餐约会是否可能控制她的焦虑发作呢?在第三次会谈,简报告说,在第二次会谈后一个月时间内焦虑几乎完全消失了。她自己认为情况已经够好了,决定不再需要下一次教练了。

假设 3:不能确定时,相信客户

教练过程需要发掘客户为本的解决方案,方案要完全适合客户——而不是任何解决方案都行。接受我们教练的客户对他们自己的(主观的)世界具备足够的知识,而且是绝对独特的知识。客户是他或她自己世界的专家。教练的经验和自己的好点子以及建议只是教练自己的。这些不会完全适合客户的世界。这就是在高效教练里为什么我们不给建议或提示，但是我们让客户有能力去发掘他们自己的个人的解决方案，并且持续微调，直至真的适合他们。

"没有破就不要补！"在焦点解决教练中，客户决定什么需要修补，而不是教练来决定。用其他模式工作的许多教练试图去理解问题背后可能是什么：缺乏自信，深层次的恐惧，或者是沟通困难。然后他们开始在这些话题上工作，而不是基于客户最初的请求。在我们的实践中，我们认为对客户做出这种假设是没有帮助的。

相反，我们尊重客户是专家，不需要为他或她的行为发明任何背景或解释。我们对客户认为重要的事情进行探索，观察他们的行为，思考他们在未来会如何行动。为这些行为找出标签或是发现问题从哪儿来与做到简单快捷高效无关。我们有意识地停留在表层，确切地说只针对客户想要我们探索的部分进行工作。这就是为什么我们喜欢"客户"这个词——它是有关客户个性化的解决方案，适合我们客户的习惯。

如果我们将客户视为他们自己生活的专家，作为教练，我们需要相信客户的资源和能力。这种信任可能是焦点解决工作居于核心地位的前提。教练假设客户拥有所有必需的能力去找到解决方案。更确切地说，教练甚至假设客户已经经历了这些解决方案，只是忘了注意到而已。教练过程创造了一个框架，在其中客户能把注意力集中在他们的经验上。如果我们成功地把客户的注意力引导到这些方面，客户的能力就会被激发并且有意识地使用起来，即使是很长时间里客户自己都没有觉察到这些。

感谢约翰·惠特莫尔（John Whitmore）*爵士，他提出了下面这个关于教练的比喻。

橡树种子在自己身体里存储了长成一棵强壮的大树所需要的所有必要的信息。

彼得成为教练的故事反映了看待客户的两种方式：

很长一段时间，我在一家大型保险公司工作，是培训与发展部门的负责人。我很清楚地记得我信步穿过走廊和办公室，在员工中寻找一个空水杯。从培训和发展部门经理的视角来看，有必要发现员工技能和能力上的不足，以决定要设计和提供哪种类型的培训。我注意到，沟通、时间管理等的缺陷，对我来说就像空水杯，而我们部门为这些不足来定制的培训就是液体，去填充那些明显漏掉的部分。

以教练的视角来看，这个反差是最大的：教练看着这颗橡树种子，知道让它长成一棵大而有力量的橡树所需要的所有信息和所有的潜力，都已经包含在这颗种子里面了。对我而言，

---

* 推荐书：约翰·惠特莫尔爵士开发了广为传播的 GROW 教练模型。John Whitmore.*Coaching for Performance*.Nicholas Brealey,2002.

原来那个找水来填满杯子的培训发展部经理，在观点上与作为一名教练意味着巨大转变。现在检查橡树种子是为了发现是否有了哪怕最细微的裂缝。而这时我唯一需要的是耐心，不断微调以注意到迎着光的方向生长的最先出现的小的迹象（甚至不是绿色的，一开始是白色的）。橡树种子的形象化描述意味着不需要添加任何东西。一切都已经在那儿，作为教练的我唯一能做的事情就是为它的生长提供时间和空间。

作为教练最为迷人和有价值的经历之一，就是见证客户重新发掘他们的资源，激活它们，并且怀着满满的自信创建自己问题的解决方案。

假设 4：未知是有用的

做一名高效教练的要求非常高：克制自己的观点，不假设起因和分析可能的不足，切实地做到停留在会谈内容之外，同时还要相信客户，不操纵进程——不是很容易做到的。

关于这点，我们经常说教练是在实践未知的艺术。和当今收集大量有事实依据的趋势信息截然相反，未知是一项重要的教练能力。我们见到客户时，不带着任何预先的假设或偏见，不带价值判断，这可以赋予我们类似宫廷弄臣那样的自由，使得我们能够提出不合常规的问题。我们把责任留给专家——客户。未知的反面是确定。我们通常倾向于获得确定性，发现令人信服的论据，彻底地分析以发现"真相"。难道我们都不想用好的见解和调查过的数据来证实我们的陈述吗？但是对我们来说，显而易见的是我们的思维框架，我们对世界的看法。对客户而言，接受我们的观点并不是真正的解决方案。未知的艺术帮助教练专注在他的工作上，即创造一个有用的教练过程，提出有帮助的问题，赞赏地倾听，给予资源导向的反馈，以及 —— 如我们一位同事所说 —— 不要挡住奇迹的路。

> 我们很难真正理解客户真正想要告诉我们的。只有或多或少有用的误解。
>
> —— 史蒂夫·德·沙泽

有的人觉得以未知的姿态去教练客户很有挑战性且消耗能量。我们发现如果你掌握了这门艺术，教练就会成为瑞士人所说的"a Schoggi job" —— 巧克力味的工作。教练们可以往后靠着，提出有用的、目标导向的问题，享受客户的回答就好像是在享受一块巧克力一样。这确实是巧克力一样的工作。在教练会谈中，是客户在工作并设计出合适的解决方案。教练保持着放松的状态并享受未知状态的自由，因为他或她不需要了解甚至不需要理解内容。教练可以完全地信任客户的专家知识。

实践练习

要保持教练过程简短，意识到你的假设是有用的。我们邀请你就你目前的客户反思以下问题：

在一个 1 至 10 分的刻度表上，相信你的客户拥有创建他的解决方案所需的一切，对此你的信心可以打几分？

假设你完全相信你的客户是他或她自己的解决方案的专家，你教练时会有何不同？你的客户会如何注意到你的不同？

第3章 焦点解决会谈的要素

一次高效教练会谈共包含五个主要要素,在之后的章节中也将再次提到。第一次教练谈话中,这些要素能够为你提供一个简单、易操作的框架性结构,就像是一次典型会谈的既定阶段,一个要素建立在上一个要素的逻辑基础上。尽管如此,我们还是偏向于将每个元素看作独立成分,同时根据对客户最有用的原则,我们既可以自由选择,也可以组合运用这些要素。

高效教练会谈的要素

要素1：教练合约

对客户而言，教练协议阶段主要为了澄清第一次会谈结束时什么会是有用的结果，即就谈话目标和内容达成一致。

主要提问

"你认为今天发生什么事情，会让你觉得你来这里是值得的？"

要素2：期望未来

本阶段，我们邀请客户"越过"可能存在的困难，探索达成目标后的结果。客户会越来越清晰，做些不一样的事情就真的会使他们的未来变得不一样。

主要提问

"假设晚上发生了一个奇迹，一直困扰你的问题或挑战解决了。第二天早上，你首先会注意到什么，使你相信奇迹发生了？"

要素3：解决先兆

此处，我们假设未来期待的有意义的事情已经发生在客户当前或最近生活中。关键是要挖掘客户的优势和资源，探索客户做些什么会使解决的先兆发生。

主要提问

"最近一段时间,什么时候发生过类似于你所期望的未来的那种状况,哪怕一点点相似?你是怎么做的?"

要素 4:进展线索

此处假设"客户的改变是不可避免的"。因此,我们会花时间与客户一起探讨,怎么样使他们能够清楚意识到他们取得的进步,如果合适的话,确定第一步具体的行动计划。

主要提问

"在 1 至 10 分的刻度表上,你给现在的状态评几分?10 分意味着你已经达到了你的目标,1 分相反。你如何知道你提高了 1 分?还有呢?"

要素 5:总结会谈

除了明确未来应该怎么做之外,会谈最后阶段有两个方面非常重要:

⊙ 教练要赞赏客户已经尝试的,并确认其资源;
⊙ 教练要建议客户进行尝试,支持其采取第一步行动。

在我们结束本章内容前,我们想提醒读者,有两点还需注意:第一,以上所述五个教练谈话的要素是为了便于我们学习和理解。当然,每一次的教练会谈都是独一无二、不可重复的。通常,我们不得不为此调整问题。我们经常无法把这些元素一个个清晰地分离开来。有时候它们就是如此自然地从一个要素过渡到另一个要素,有时候却需要调整前后要素的顺序。

第二,以上五个要素,就是我们所谓教练会谈"高效"之所在。到目前为止,在我们日常实践中,甚至在面对比较复杂和紧急的客户问题时,也不需要在很大程度上进行添加或改变。反之,正确地坚持五个简易要素就能达成过程的简洁性和结果的持续性。在以后的章节中,你将会阅读到更多关于它们在多个真实个案中如何起效的内容。

第 4 章　教练前准备

在第一次教练会谈开始前通常客户和教练之间都会有首次接触。一位客户给你打电话，或者是在工作坊或会议上咨询。在第一次教练会谈开始之前，有什么互动的好方法吗？

教练实例

记者史蒂夫·B（一）

当时我正在一个会议上做主题为焦点解决教练的工作坊，一位40多岁的男人来找我，要求跟我说几句话。史蒂夫·B告诉我，他是一名记者，最近在工作上陷入了绝境。由于他写的一篇文章，他被起诉了。他的声誉以及他的记者职业都处于危险之中。他不确定他为其撰稿的报纸的管理层是否支持他，也不知道是否应该相信管理层为他挑选的代理律师。

史蒂夫要求我对我们的会谈绝对保密。他想要我来给他做教练，因为他处于绝望之中，感到穷途末路。他害怕案件会毁掉他的职业以及他的未来。不知道如何对付涉事者，让他感到非常没有安全感。

很明显这是一个紧急情况,我们俩都期待着一个长期的教练关系。

我们在第一次电话会谈中达成一致,约定了日期和时间,就在第二天晚上的8点钟,这样我们可以有足够的不受干扰的时间来会谈。我告诉史蒂夫我的收费并解释说我第一次会谈也要收费的,但是如果会谈结果对他没有用处的话他可以不必付钱。

高效教练的第一次接触差不多就是这样。如果你用高效教练模式工作的话,下面你将发现一些关于第一次接触的有用提示:

> ### 工具箱
>
> ### 有关阐明合同的提示:
>
> ⊙ **目标**
>
> 在第一次接触时澄清客户的目标。询问达到目标后期待的结果,尤其要和客户讨论如何注意到教练已经到达一个成功的结尾。
>
> ⊙ **教练会谈的次数**
>
> 解释你采用的是简快教练模式,有时目标会在非常短的时间里达成。尊重你客户的感受,他可能已经痛苦了很

长时间,因此感觉也需要很长的时间去解决问题。记住你不可能在这个点上就预测出什么时候事情对客户来说会变得"足够好"并且不再需要继续教练。下一次会谈是否有必要,可以在每次会谈的结尾根据进展来决定。

⊙ **第一次会谈的收费**

解释在高效教练中,只要开启了教练的程序,第一次会谈也要收费。我们的客户有时候会跟我们谈起有些教练第一次是不收费的。如果你们是一个长期的教练关系并且按月付费,这是说得过去的。在这种情况下,第一次会谈主要是用来交换信息。对高效教练来说,这不太实际,因为通常高效教练平均只有两到三次会谈。

实践练习

教练的期待如何影响教练过程中发生的事情?如果对你这个问题感兴趣,我们有一个实验,你可以跟你的新客户来体验一下。

签订合同以后,预测一下跟这个客户需要会谈的次数。如果你觉得有必要,记下这个数字,如果这个判断最后被证明是正确的话,思考一下带给你的收获。

如果你发现这个有用,就反复做这个实验。

第 5 章 达成教练合约

搞清楚客户想要实现什么是第一次会谈要完成的任务:"今天在这里需要发生些什么,会让你在会谈结束时说花这个时间是值得的?"

牢记"以终为始"

有很多种可能的方式可以来开始第一次会谈。在高效教练中,我们特意选择在头脑中以结果作为开始。这与以现在或过去来开始会谈的做法不同,后者会陷入"你如何描述你现在的状况?谁也卷入其中?问题是什么?它从哪儿来的?为什么会是这样?"诸如此类的问题。他们只是简单地提供了一个知道那个问题的信息以及相应推断的教练,而这些信息和推断客户都已经知道了。取代这种记者式的提问,我们更愿意问有助于为客户提供聚焦在解决的、新的洞察力的教练问题。

"以终为始"可以支持客户从一开始就与他们想要实现的期待保持紧密的联系:

⊙假设我们的教练成功结束,然后你就能设法解决遇到的各种问题了,那将会对你有什么不同?

教练和客户可以一起探索客户的日常行为会如何改变。他们也应该仔细探查那些能告诉客户教练关系可以终止了的具体的迹象:

⊙你如何得知并确信事情已经变得足够好,你因此不再需要接受进一步教练?

谈论问题会创造问题。
谈论解决会创造解决方案。

——史蒂夫·德·沙泽

教练实例

记者史蒂夫·B(二)

我问:"今天晚上需要发生些什么,会让你觉得花在会谈上的时间是值得的?"

当然,一开始史蒂夫先花了几分钟时间告诉我关于他的案件最新进展,情况确实挺吓人。他的妻子,原先非常耐心和善解人意,现在开始变得痛苦,并且抱怨史蒂夫好像整天都魂不守舍似的。史蒂夫非常担心有可能会挣不到足够的钱来养活一家人。除了他私人生活的紧张状况，还有跟报社以及律师的问题，没有取得任何实质性进展。

在我又重复问了一遍最初那个关于需要发生什么的问题后，史蒂夫回答说，他需要更少地做那些不太重要的事情，他需要知道如何处理这起诉讼案，他需要现实地考虑一下他的前途，并且以某种方式找回平静和力量以便能够掌控某些事情。

首先，我简单地重复了这一串仓促而就的清单。我说："那么假设一下因为某种原因你都能够应对这些事情了。你成功地把事情都解决了，事情都掌控在你手里了，你也找到了需要的平静和力量。你会如何注意到事情都变得足够好了，因此我们可以结束我们的教练关系了？"

史蒂夫停顿了很长一段时间，然后说他的妻子和孩子们更放松了，也许会是表示他回到正轨的一个清晰的信号。这也许会是因为史蒂夫找回了内心的平衡："就像是我的信心告诉我，我做了我能做的一切。我可以放下那些我无论如何也改变不了的事。"

当他追随着这些想法的时候，令人惊奇的事情发生了。我们的教练会谈才持续了10分钟。但是他沿着这个方向去描述可以告诉他停止惊恐的最初的迹象时，某种东西和他的声音让我感到好奇。看来已经发生了某种显著的变化。我想证实这一点，所以我有点勉强地问："当我听到你刚才说的那些，我很好奇：是不是事情对你来说已经足够好了？"他说他也正在问自己这个问题。他简直不敢相信突然之间对他来说一切都明朗了。他知道接下来要做什么，而且他也清楚知道接下来的72小时内他需要优先处理什么。他说就好像发生了一个180

度的大转弯。"说实话，"他说，"我非常吃惊。现在我有足够的信心相信我可以用我的方式应对这些问题。非常感谢你的指导。"

仅仅15分钟，这是我的教练生涯中经历的最短的一次教练关系。一年以后我意外地又遇到了史蒂夫，我们聊了几分钟。我没有明确地问他官司的事。史蒂夫充满热情地告诉我他当前的新闻项目。我可以很确定地假设那次教练明显是有用的。显然在那次会谈后史蒂夫已经能掌控一切事情并且获得了一个可持续的解决方案。

当然，这是个极端的例子，它证明了如果你从结果开始问起，那么教练过程可以很短。但是，在客户明白了他或她真正想要什么的那一刻，教练也就结束了的案例也不少见。早点达成一致意见，确定观察到什么样的线索表明可以结束教练，这是一种让教练关系保持简单快捷的好方法。教练合约不只是收集信息，它还是邀请客户从困境中走出来的有力的干预手段。正如史蒂夫·B开始在头脑中有了想要的结果，他就能意识到有资源丰富的解决方案。

高效教练通常目的在于支持客户在有用的方向上开始行动。教练认为第一步一旦达成，会引向下一步行动。我们预先假定，一旦他们开始在想要的方向上行动，客户就有能力、有足够的经验去发现他们自己的解决办法。高效教练的主要聚焦点不是全程陪同客户从A到B，而是着力帮助他或她朝着解决方案开个好头。

🧰 工具箱

以终为始的提问：

⊙你如何注意到事情已经足够好,并且是时候结束教练关系了？
⊙在这次会谈结束时,你希望实现什么？
⊙其他人如何注意到现在事情已经足够好了？
⊙首先出现什么样的细微迹象能够告诉你,此刻你可以依靠自己继续前进了？

对那些知道自己不要什么的客户的提问：

⊙你会做些什么来代替？

找到大目标的起始提问：

⊙那你实际会从什么开始呢？
⊙你走出这个门以后,你已经开始朝着目标出发的最先的迹象会是什么？

> 一个清晰的合约帮助你和你的客户进入一个有效的、相互接受的工作关系。

双人探戈

作为本章的结束语,我们想要强调本章的标题包含的"合约"这个词,通常至少牵涉双方。这意味着作为教练也需要同意一些事情。找出客户想要什么只是合约的一个方面。在协商中,你也可以自由地决定你是否要提供服务,这取决于客户、手头的问题以及你自己对此情况感到舒适的程度。可能是出于伦理的、专业或个人的理由,教练有权拒绝提供服务。专业也意味着你能意识到需要退出的迹象。高效教练中,在这个问题上,我们会在这个问题上表明自己的立场。基本上,要么是"是的,我愿意和你一起就这个开始工作",要么是"对你的目标而言,我不是最好的资源。我可以帮你找个更适合的人吗?"

实 践 练 习

我们想要引导你思考一下你自己的未来。这个练习是关于你作为教练的自我学习。

想象一下,我们已经特别为你和你的学习写完了本书后面的所有章节。你找到了你一直在寻找的所有关于教练的内容。阅读这本书超越了你最大的期望。

- 读完这本书会让你有什么不同?
- 读完整本书你在教练实践中会做些什么不同的?
- 你的客户会如何注意到你找到了你一直在寻找的东西?

第 6 章　探索期待的未来

客户来接受教练时,对于教练关系结束时他们想要在哪儿,常常并没有清晰的想法。问题、障碍、挑战等阻挡了他们的视线。

跳出问题看未来

高效教练中,检查阻碍并不重要。相反,我们把教练会谈的这个元素用于跳过阻碍看向它后面的 —— 我们称之为想要的未来(那时客户达到了他或她的目标)。在我们的会谈中已经证明,花大量的时间来谈论想要的未来是很有用的。通常目标会变得更有吸引力,而客户看起来跟他们的资源有了更多联结。

探索想要的未来有不同的方式。我们通常用一种所谓的奇迹提问,特别是情况在一开始看起来毫无希望时,似乎需要一个奇迹来修复。这儿有一个案例。

📽 教练实例

K 女士：55 岁的职业挑战

K 女士打电话来，在公司的组织调整后，她的工作环境变得令人无法忍受。现在她是两个主管的助理。两位主管让她的生活变得一团糟，而且都对她的工作没有丝毫的感谢。她也不再被允许独立工作。更糟的是，现在工作市场萧条，在 55 岁的年纪，她想要再找个新工作的机会几乎为零。由于她是单身，她得靠自己的收入生活。

教练过程包含了两次 45 分钟的电话会谈。两次之间大概间隔了两周。在第二次会谈时，K 女士陈述她的情况得到了如此大的改善，现在她考虑要继续留在公司里。我们约了第三次会谈。然而，第三次只进行了 5 分钟，她解释说她已经在另一家公司面试，这给了她很大的自信，她认为没有必要再进行教练会谈了，虽然最后她并没有获得那份新工作。

在第一次会谈中，并没有预料到会有如此惊人的发展，而且也毫无理由乐观。那个时候，K 女士绝望地深陷于一份无法忍受的工作，完全看不到曙光。在第一次会谈中，我问她那次会谈的目标会是什么，她说，要么是找出如何能忍受当下的情况（她认为是完全不可能的），要么就看有没有可能找份新工作（对她来说，以工作市场的情况来看也是不现实的）。

当我问 K 女士，如果她的一个或两个目标都实现的话，会有什么不同，她说她真的不知道——但那会是一个奇迹。"而且得是个巨大的奇迹才能办到，"她补充道，并深深地叹了口气。

教练:好的,那么让我问你一个有点奇怪的、不同寻常的问题,需要有点想象力。假设我们的会谈结束了。你挂了电话,然后做你今晚计划做的事情;也许你吃点东西,然后再做点其他事情……然后晚上某个时候你感觉累了,你上床睡觉。半夜里,你熟睡的时候,一个奇迹发生了。奇迹就是,使你来这里进行教练会谈的所有事情都解决了……就是那样。第二天早上你醒来,你并不知道奇迹发生了,因为你睡着了而且也没有人告诉你。所以当你第二天早上醒来,你如何开始发现奇迹真的是发生了?

我们所渴望的是我们内在能力的显现,我们一直渴望的其实是我们不知道自己早已拥有的能力,所以在我们的梦想中,富有激情地想象那个未来会让它可能变成现实。

—— 歌德

K女士:嗯,我想我会起床,盼望着工作日。我会照镜子,然后看到一个工作出色、有能力、受赏识的女人——而且我会意识到我所有的资源。

教练:噢,我知道了!奇迹后的那天早上还有什么会不同?

K女士说她能在工作上保持一个健康的距离,她会更好地照顾自己。在这点上我详细地探察了她会如何表现得不同,以及奇迹之后她会做些什么现在她没做的事。

K女士:因为我会有更多能量和热情,我可能会给一个老朋友打电话并且和她共进晚餐。我好几个月没那样做了。我推掉了一切邀请,因为我感觉筋疲力尽。

教练:奇迹之后,如果你和一个很了解你的朋友共进晚餐,你的朋友会如何注意到奇迹发生了(而你并没有告诉她)?

我们花了一些时间详细地描述她可能做的行为,以及这些行为会带来的可看到的不同。K女士生动地描述了在她的真实生活里她会在主管面前如何表现得更自信。

教练:你如何得知你的主管也注意到你更自信了,哪怕你没有公开告诉他们?我们先谈谈F博士。你如何得知他注意到了?

K女士:我想F博士会稍微礼貌一点。也许他会说"你好"或者"请"。可能他也会因为某件事表扬我——这会是个大奇迹——然后我就会确定他已经注意到了:他是在和一位值得尊敬的有能力的女人在打交道。

教练:假设他对你的工作说了些好话。你会如何反应?

K女士:我可能会微笑并说我对此感到高兴。我还会对自己说"成功!"然后晚上去洗个桑拿犒劳自己。

慢动作式的奇迹发问

把问题当作礼物一样包装

有时奇迹问题对我们来说就像一件给客户的有价值的礼物。为了把它们准备成绝妙的礼物,我们得仔细地包装它。

让我问你一个有点奇怪的、不同寻常的问题,需要有点想象力……

K女士已经花了很多时间考虑她的问题。虽然她提到了一个奇迹,但是可能从来没有敢去真正地考虑它。她有足够的理由认为处理她的问题比想象一个奇迹更为紧迫。因而,宣称下一个问题会有点奇怪和不同寻常会是一个有用的准备。

假设……

这是开始小心建构桥梁的一个魔法词。在这类教练环境下,这个词在两个原先毫无联系的、完全不同的视角之间架起了桥梁。在桥梁的一端,我们的客户在工作中正遭遇强大的障碍,没有人知道她是否能逾越。在那种情况下为了能架起这座桥梁,我们无须其他,只是简单地假设她的问题都已经解决了——就是那样。

> 在想要的未来中，有两个重要的元素：首先，我们为客户提供可能性去发现问题解决后他们的世界看起来会如何，就像——奇迹真的发生了。在期待的未来的第二部分，详细地探索奇迹对日常行为带来的影响非常有用。解决的状态对客户的行为以及她周围的环境有什么影响？

你回到家，做你计划今晚要做的事。

显而易见，我们需要花点时间过桥。我们从桥的这一端出发，它嵌在我们客户日常生活的可靠现实当中。当然，K女士在教练会谈后要回家，晚上她会做些事，也许熨衣服或者看电视。

半夜里，你熟睡的时候，一个奇迹发生了。

让奇迹发生在半夜的想法，可以确保客户从"我必须做什么"的模式里跳出来。不需要他们的积极贡献，奇迹就发生了。这是一个放松的邀请，而不是要做更多或更努力。奇迹是邀请他们享受和好奇地探索在桥的那一边他们发现了什么。

以我们的经验来看，仔细包装的礼物能确保你能用上奇迹提问，哪怕是对持怀疑态度的客户。

……

停顿。和缓地给客户留足够多的时间去过桥，让奇迹去工作。特别是当奇迹发生时，留出足够多的时间非常重要。安静地停顿是教练过程中最好的部分。付你钱却什么也不用做。通过那样做，你对得起所收取的每一分钱，因为当教练在这个点上什么也不做，客户就赢得了宝贵的反思时间。我们把安静和停顿理解为客户神圣的思考时间。

奇迹就是使你来这儿的所有问题都解决了……就是那样。

正常情况下教练不需要确切地描述奇迹里面包含了些什么。保持开放的态度邀请客户来创造他或她自己的奇迹。

第二天早上你醒来。

让奇迹在教练会谈后尽快地发生非常有用。这样，客户可以尽快地开始用新的视角去想象一个新的开始。

因为你睡着了而且也没有人告诉你，所以你并不知道奇迹发生了。

这个部分是用来强化神奇瞬间的。所说的奇迹与任何客户提前能知道的事都无关。它是突然发生的。它是奇迹问题的一部分，用于邀请客户改变他或她的视角，阐明这一点很有用：没有其他办法能够发现奇迹的蛛丝马迹，除了细致入微的观察。

寻找使事情不同的那些差异

现在我们已经打开了礼物的好几层外包装，是时候集中在它的真正内容上了。奇迹问题给客户的礼物可以是发现的过程：发现他或她真正期待什么，发现躲在所有障碍后面的那个想要的未来到底是什么样的。

所以，当你明天早上醒来，你会如何开始发现一个奇迹真的发生了？

通常第一个本能的反应会是"我不知道"。如果你往后靠，给客户足够的时间去思考，关于奇迹发生后的早上有什么不同的第一个想法就会出现。

有时候客户会以负面的形式来回答："我就不会再害怕了。"为了把这种"不要什么"转换成需要"出现什么不同"，我们建议问问他们希望用什么来替代。"当你不再害怕的时候，会有什么来代替？"这样可以帮助客户描述有什么不同的积极行为出现。

教练：奇迹发生之后的早上，还有什么会不同？

为了从奇迹问题里得到最多的信息，这时候你可以不断地问"还有什么"。这些额外的发现可以发生在接下来的一天中不同的时间，或在其他地方，在家里，在工作时等等。收集到大量的差异信息后，教练可以挑选几个看起来对客户达成目标特别有帮助的话题。

探索带来变化的行为上的变化

期待的未来的核心方面,包括找出奇迹对客户真实生活中行为的影响。

这是奇迹问题非常接地气的地方,而且完全落在客户的日常实际生活中。在会谈中,我们的主要关注点需要放在客户身上,以及作为奇迹发生的结果,他或她在真实生活里会有什么不同的行为。我们之所以强调行为和行动,是因为我们相信,对客户来说,清楚他们会怎样做些不同的事至关重要,不管奇迹如何影响了他们的感觉或情绪。

你的朋友会如何注意到奇迹发生在你身上了?

有关其他人的感知,以及其他人注意到客户的什么,这类问题会自动地引向可观察到的相关行为的不同。老板、家庭成员、伙伴或任何客户心目中重要的人,都提供了一个有帮助的外部的视角。想要的未来的画面越具体,客户发现有用的能尝试的行动的机会就越多。

奇迹发问的替代发问

在商业环境中谈论奇迹问题,有时候会让实践者感到不太舒服。他们需要具有类似效果的替代问题,从心理上邀请客户从障碍前面及时地挪到障碍后面。

一般来讲,我们可以说客户越绝望或者处境越具有挑战性,真的需要奇迹发生时，奇迹提问就越能发挥作用。

当然，还存在其他可能的办法去探索想要的未来，并邀请客户越过障碍看问题。

假如过了一段时间，然后你能够成功地实现你的目标，那时候你会做些什么不同的？

假设你的老板突然以你希望他的那种方式待人处世了，那会有什么不同？

这个问题的语言模式通常以"假设"开头。客户会遇到各种各样的障碍挡住去路，如"我们没有足够的资源"或"首先老板得改变"。在创建这个问题的中间部分，你要把客户定义的任何障碍变成一种可能性。"那么让我们假设一下，你有了足够的资源/不知怎么地你的老板改变了……"你甚至可以加几句话"当然，我们不知道这个是否会发生或者怎样让它发生，所以我们只是假设……"问题的最后一部分可以是，"那时候你会做些什么与现在做的不同的？"或"你会对此做出何种不同的反应？"

教练的目的是将客户和目标背后的一切联系起来。这就是为什么在这点上有时发生目标转移。K女士的目标一开始是以某种方式应对她现在的处境，但这个目标是用试图解决问题的视角来阐释的。当她回答了奇迹问题，进入创建解决方案的框架中，这个最初的视角就改变了。K女士意识到她想要得到尊重，为自己感到自豪，更好地照顾自己和自己的资源。

实践练习

中场时间练习

这个练习需要点勇气。几年前，Peter 在长达 6 个月的教练实践中使用这个练习，以了解更多关于奇迹发问的效果。如果你愿意，你可以在督导小组里更安全地进行尝试。

这个自愿的中场练习是这样进行的。如果教练会谈时间设定为一小时，那么你在 30 分钟之后开始奇迹提问。不论你的会谈时间是多长，你要承诺自己在会谈进行一半时再做奇迹提问。

仔细观察奇迹发问提出前和提出后教练会谈有什么不同，奇迹提问前后具体有什么成为可能。

这个练习有助于更多地学习奇迹提问适合哪类个案，何时是提问的好时机。也许你会发现，即使你没有期待，奇迹提问也很有用。

记录下你的发现。

第 7 章 发现解决的资源和迹象

教练会谈的第三阶段是增强客户在计划中的信心。一旦客户明确了他们真正想要怎样的生活，找出他们的努力是否现实，以及如何能实现他们的目标就很有用了。

询问迹象

高效教练中，我们非常仔细地询问客户，想要的未来已经发生一小点的例子和事件，事情已经朝着想要的方向前进的那些时候，或目前看起来像理想未来的某些瞬间的经历。这些经历通常包含了大量与解决方案有关的有价值的信息。

我们倾向于把这些时刻称作想要的未来的迹象。一旦你发现这样的例子，你可以用它们来更多地找出客户确切地做了什么事情，使成功成为可能。一旦弄清楚在某个具体时刻是什么起作用，而且客户意识到他自己所拥有的资源时，再多做些已经证实是有效的事情，就容易多了。

有时候我们把会谈的这个阶段称作"解决冲浪"阶段：客户

发现了一股向前运动的波浪,笔直地朝着他想要的方向去。就像一个冲浪者在海里,客户现在可以在这股前进的力量上舒服地冲浪,并且容易取得更多进步。

🧰 工具箱

询问奇迹已经出现的小迹象：

⊙ 当你想到最近有一点点像是奇迹的事情发生,那是在什么时候?
⊙ 你还想到了什么其他的这种迹象?
⊙ 你是怎么做到的? 你做了些什么使这个成为可能?

🎬 教练实例

K女士

当我询问奇迹已经发生的小迹象时,K女士描述说几个星期前她去洗桑拿的时候她是如何接近奇迹,以及两天前她如何与一位前同事去共进晚餐。

教练：噢,是吗? 我打赌要从你描述的那种孤独状态里走出来并不容易。你是怎么做到的?

K女士：工作的时候,我就是突然有了要去洗桑拿的想法。我记得我对F博士说的话和我自己的想法非常生气,够了够了！那天下午我甚至提早回家了。

教练：所以你从某种角度做到了决定照顾好自己。

K女士和我在会谈中花了一些时间来检视这些奇迹发生的迹象。在过程中，K女士开始发现，如果她提前花时间照顾好自己，她会更容易在工作中保持冷静并处理好压力。这个发现引出了其他的奇迹发生的征兆——她成功地处理了那些不太私人的、进展不顺利的事情。K女士甚至想起了一个小事件，那时F博士对她给予了认可。通过仔细审查这个事件，K女士突然意识到她是如何非常优雅地促使这个巨大的奇迹发生的——她太激动了！

奇迹的预兆就像问题丛林中朝着解决方向精致地生长的花朵。

客户记忆中能挖掘迹象的例子或解决方案的隐约闪现越多越好。每个例子都带来关于可能的行动、选择、资源的有价值的信息，那些行动、选择、资源是在客户现实生活中已经被证明是有效的。

向你的客户询问征兆就像是温柔地邀请他们将他们的关注从什么消失了转移到什么已经替代性地发生了。

首先你需要将自己摆在客户的位置上，看他们所看到的。承认他们看到的面前的障碍，并承认要克服并不容易。然后在某个时刻，你要开始轻拍客户的肩膀。你要指向一个略微不同的方向并且问道："你能告诉我你在那边发现了什么吗？让我们来聊聊什么已经开始起效了。"这是教练拓宽客户视野的邀请，并且邀请他去发现现实中其他原先不在他的关注中的那部分。

重视应对的能力

当你探索奇迹发生的迹象时，常常会有一个特别的资源出现。与奇迹发生的迹象相关的资源就是客户应对困难情境的能力。

生活中总有些无法改变的局限。在K女士的案例中，没有人确信是否有可能改善她在工作中的处境，也不确定她主动做些什么是否就能有助于情况的改善。可以肯定的是，教练不可能左右就业市场，也不会对K女士重新获得一份工作的机会有任何影响力。在这个案例里，她可能不得不继续待在原来的岗位上。这也是为什么要非常仔细地探察奇迹发生的迹象。这些迹象显示了K女士曾经成功应对过不变且非常困难的情境。面对如此惨淡的未来，那些有价值的资源之一就是多做些能帮她"挺过厄运的捉弄和折磨"的事情。K女士回忆起的那些迹象是与她应对困难情境的能力有关的。如果她自己没有回忆起来，教练就要换另一种提问来回应。他可能就不是轻拍她的肩膀，而是要在她心里拍打得更重一点。这些提问也被称为应对提问："你此刻所经历的这些真是令人难以置信。尽管有这么多困难你还能做到每天早上起床去上班，确实让人惊叹。我在问我自己，你是怎么做到的？"

> **工具箱**
>
> 应对提问：
>
> ⊙你是如何应对这个情况的？
> ⊙你是如何找到继续下去的信心和希望的？

赞美资源

在这一节，我们着力于帮助客户对实现他们自己的目标产生信心和希望。发掘客户意想不到的优势确实有帮助。我们所有的客户都可以凭借他们的个人素质和经验去应对所面临的挑战。这些素质或资源——困境中的适应力，努力工作的能力，幽默感，愿意倾听他人、帮助他人，能够建立精确的项目和计划，愿意学习——都是创造改变的有用基础。

赞美需要真实可信，不能被当作操纵交流的技巧。如果你只是想表示友好和善，你不应该使用赞赏，那样，你很快会失去信用。有用的赞赏来源于真实情形，是由对话伙伴的言语交谈或行为引起的。

称赞是教练技术非常有力的工具。他们为客户的下一步发展提供希望和信心支持。他们照亮了过去的优势和成功，而这些过去的优势和成功也许对达成客户的目标有帮助。

你也许从你自己的经验中已经明白了这一点。你在孩提时代或是长大成人后听到的哪一句赞赏让你至今记忆深刻？通常这些赞赏到今天仍是你看待自己的一部分，甚至可能对你现在的职业有影响。

所以，作为教练，一定要花时间去赞赏那些让你印象深刻的人、事、物，从而增强客户的信心和希望。依我们的经验来看，作为教练，你能给客户的最有效的强化就是让他们谈谈他最自豪的是什么，然后真诚地赞赏他以强化他的信心和希望。

教练实例

在困难情境中找到焦点

在这点上，K女士既自信又好奇。因此，恰当的做法是关注她重新发现了自己的什么优势，并紧紧抓住是什么在起效，以及与之相关的其他有用资源。

教练：基于你刚才所说，让我问你另一个有点奇怪的问题。用一个1至10分的刻度表来量一下。1分代表你在工作中刚遭遇到组织重组的时候，10分代表奇迹发生后的那个早上。你现在在几分？

K女士说已经在3分了。我让她总结一下现在的3分和之前的1分之间的差异。我们一起来收集帮助她从1分提高到3分的东西。

教练：你刚才谈到的那些事情——桑拿、晚餐、F博士的认可——位于1至10分刻度表上的什么位置？

K女士：晚餐在6分；我决定自己单独去洗桑拿，所以是7分；得到F博士的认同显然是在9分。

刻度化提问

刻度化提问是一个极好的、容易使用的工具，它可以帮助创建一幅整体画面，以使客户看到已经取得的进步。常常有客户告诉我们，刻度化帮助他们形象化地看见他们已经走过的路程。它也有助于他们回忆起自己曾经到达过刻度表上更高分数的地方。

当他们意识到有一些真实的例子位于刻度表上更高的刻度时，客户的信心就提升了："既然我曾经到过那儿，就有实实在在的机会让我能继续做下去或者做得更多一些。"

在高效教练中，我们假设，对人们来说在已有的有效经验的基础上实施改变会容易得多。这个策略看起来非常成功。我们不认为客户需要学习全新的东西或是完全改变他们的方式才能达到他们的目标。相反，我们更相信重新发掘已有的资源并利用这些资源会更有用。

工具箱

评量问句1

⊙在1至10分的刻度表上，几分代表了你想要取得的进步? 此刻你在几分?

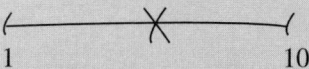

⊙跟你在 1 分的时候相比, 现在和那时有什么不同?

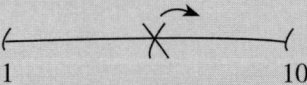

⊙是什么帮你从 1 分到了现在这个位置?

⊙你所描述的那些解决的征兆或例外的例子在这同一个刻度表上处于什么位置?

⊙你最好的朋友会说你在刻度表上什么位置? 他或她会欣赏你的什么进步?

实 践 练 习

好好照顾自己日记

我们为参加教练培训工作坊的人设计了这个日记实验。事实证明,它对快速简单地发展教练胜任力有帮助。

我们不知道你是怎么做的——你也许仅仅去注意你喜欢的东西和在你的教练工作中进展顺利的部分,因此你可以从这些资源中学习。

然而,我们在工作坊中注意到有些参与者是观察相反的方面——所有他们做"错"的事。这就是为什么我们发明了这个小日记,并在教练课程的第一个晚上分发给参加工作坊的学员们。其实,就是个随处可得的普通的小日记本。只是它有个小把戏在里面——"好好照顾自己日记"。我们花了不少时间向参与者们解释,这不是普通的日记本,而是我们和造纸行业的研究人员花了几年的时间开发出来的一种非常特殊的、不平常的纸。纸张的表层经过处理,只能显示描述资源、先兆、积极的目标以及接下来的一小步的那些词条。因此,关于自己的不足、障碍或是不起效的东西是写不上去的。这样的词条在纸上就不会显示。

然后,参与者们每晚都花费时间用这样的方式来反思他们学到的东西,还要在日记本里记录下来。

如果你认为这对你也是个有用的学习经验,我们建议你也去弄一本这样的日记本。大概要找到一家有这种日记本的货的店不太容易。因此,如果当地的商店里没有这种货,别犹豫,就挑一本你喜欢的,假装它是那种特别的日记本好了。当你在上面写字的时候,就当它是只能显示反映出你好好照顾自己的内容的那种纸。

第 8 章　确认进步的线索

在典型的高效教练会谈中,对客户的期待未来和资源探索之后,会谈的下一个元素就是准备增加朝向目标并基于行动步骤的机会。

几年前,我在一个领导力大会上遇见埃德蒙·希拉里爵士。他是最早登上珠穆朗玛峰顶的人之一。埃德蒙爵士正谈论着他从事这个前无古人的事情必须具有卓越的领导力。他提到,他和他的夏尔巴向导 Tenzing Norgay,从现代职业登山者的视角来看他们所做的事情是既荒谬又很不专业的。"我们只有简陋的装备和原始的登山技巧。我们知道我们能够做好的唯一事情就是在雪里一步一步地凿下去。毫不夸张地说,我们一直最领先采用在冰雪里简单塑形和为下一步做准备,那样做使我们离我们的目标更近了一步。"

对呈现进步的迹象询问

埃德蒙爵士显然非常清楚,对于他而言什么是他旅程的进步中即将出现的线索。在高效教练中,重要的一点是要确保你的客户了解他们进步的线索,并且清楚地知道在他们的现实世界中如何朝着目标采取下一步可行的行动。

> 毛毛虫只能靠蜕变成蝴蝶来发挥它的潜能,而不是通过学习飞行。

教练实例

K女士的小步行动

由于我们在这个会谈中已经使用过刻度提问,因此继续使用刻度的方法来工作就容易多了。

我说:"K女士,在1至10分的刻度表上,你刚才说目前你在3分。你会如何注意到你前进了一步,从3分到了4分?"

她说,如果她有更多的自信和希望去应聘工作,她就肯定知道她前进了一步。如果她更自信的话,她就只去应聘那些对她有吸引力,而且在那个岗位上她有能力贡献自己的经验和资源的工作。她会停止投简历给她其实不感兴趣的工作,不再害怕找不到更好的机会。她会记得提醒自己以前申请工作时她得到赏识的那些时候。这样可以使她带着一份自尊、谦虚和自豪的感情去写申请书。

如果她感到有足够活力的话她会在下班后一周至少出去一次,她也会在刻度表上提高1分。她不确定如何发现在工作上前进了一步,她认为也许培养出一种健康的超脱感会让她在她的椅子上坐得更直一些。如果和主管之间有冲突,也许她甚至会往后靠一点以创造出一个小小的安全空间,就像个安全气囊那样。

> **教练**:我对这点印象深刻,你很清楚身体上的差别会告诉你你在刻度表上提升了一步。这些当中再详细说说哪一点会最有帮助?
>
> **K女士**:大概是安全气囊吧。我很愿意知道在漫长的一天工作时间里如何表现得不同,那样对我更健康。
>
> **教练**:好的,让我们来看看你会注意到的那些事情。如果你有安全气囊,你会做得不一样。在这个方向上小小的一步会是什么?

开头充满了魔力。

—— 赫尔曼·赫西(Herman Hesse)

📷 工具箱

询问呈现进步的迹象:

⊙ 你会如何注意到你在刻度表上前进了一小步?

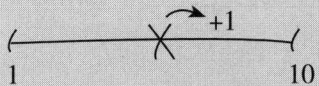

⊙ 你身边的其他人会如何注意到?

⊙ 那时你会做些什么而你现在没做的事?

⊙ 当你离开这个房间,表示你已经在刻度表上开始前进的最初的一个小迹象是什么?还有呢?

⊙ 假设你在接下来的几天里在刻度表上提高了一小步,那会有什么不同?你会采取什么不同的反应?

有效运用语言

有许多种方法可以询问客户他们接下来的小步行动。我们想邀请你仔细观察一下此处使用的语言。如果你意识到有各种选择可以表述问题,你就增长了成为富有启发性的教练的才干。

高效教练经常询问客户如何会注意到他们在刻度表上前进了一步。这与提问"为了提高一分你需要做些什么?"是不同的。第二个问题是要弄明白如何到达那里并开始规划前进的行动。关于客户如何注意将要发生的发问是指向完全不同的事情。假设那个进步无论如何都会发生,教练的目的就是确保客户知道要去寻找什么样的线索,并把这些线索归因于自己的行为使进步发生。

我们的英国同事哈里·诺曼告诉我们一个案例,他有个客户在被问到"那么为了前进一小步你需要做些什么"的时候几乎被激怒了,客户回答道:"你觉得我很蠢吗?你真的以为如果我有答案我还坐在这里跟你教练会谈?那是你的工作!"

哈里立即道歉并问他是否可以问另一个问题。客户同意了。哈里问了下面这个问题:"你会如何注意到你前进了一小步?"

客户微笑着回答:"你问对了。这才是我能回答的问题。"

当客户开始观察自己的不同并注意到是什么在起效时,他们就与自己现有的资源和有帮助的行为有了更多联系。以我们的经验来看,改变会以这样的方式快速发生并持续下去。

一小步的重要性

教练实例

加拿大的一个锯木厂(由多伦多同事艾伦·凯(Alan Kay)提供)

在一个木材公司,有两支团队正在接受焦点解决教练:位于多伦多的销售部门和位于800公里之外的加拿大北部树林里的生产部门。两支团队都面临冲突,因为生产计划经常与客户的计划书不匹配。这不是个容易的活。经常有这样毫无建设性的对话出现:"我告诉过你们客户想要这样!"回答:"不,你没告诉我们,而且我顺便告诉你,我们这周也不可能这样做。"如果销售指标继续下降,这家锯木厂就面临关闭的局面。对于锯木厂所在的这座小城来说,这可能意味着一场经济灾难,因为城里许多人在锯木厂工作。两支团队见面了,出乎他们意料的是,他们发现彼此之间有许多共同点。过去有需要的时候,他们也曾很好地共事过。

在教练会谈结束时艾伦问了一个问题:"想一想你们可能会做的不同的几件简单的事情。在这些事情中,哪一件是在周一早上最有可能发生的?请尽可能让改变小一点。"

一组销售人员和生产人员同意举行一次电话会议来修改订单格式,尤其是交货说明。这是他们为周一及接下来的几天设定的四个小任务之一。

一年以后,锯木厂所在的小城被成功地拯救了。当被问到他们是如何成功做到的时候,客户说:"到最后,其实是所有小小的步骤的集合促成了巨大的不同。"

我们想要强调,让改变小一点是非常重要的。我们都记得在会议上开始讨论需要做的大事情时,我们是如何地充满热情——几天后,我们就感觉被日常琐事淹没,没有时间来启动我们的大项目。如果一些想法是嵌入在日常活动中并且马上能开始行动的,那么这些想法就更容易被实施,因为"所有的开始都是为了让开始发生"。

在系统中,小的改变会带来很多巨大成效,因此最好是采取切合实际的谦虚的一小步并制定出切实可行的计划。

谈论小的步骤经常还能降低客户的压力。通常客户已经是

备受压力了,比如,正在找工作的人,或是想要改善时间管理的人。对他们来说,更有帮助的是就那些能减轻无效益压力的小步行动进行提问("我做什么事情都做错!要迈出大的一步太费力了!"),并且因此提升最初的小成功的可能性。

教练实例

与 K 女士构建行动

K 女士想要更多地阐述她关于"安全气囊"的新想法。

K 女士:我想有时候我应该少在意一点。不是说完全不在乎,因为我还是想把工作做好的,但是对那些我无法改变的事情我可以少在乎一点。

教练:看来,做好本职工作对你来说真的是非常重要。那么,你会如何在正确的方向上往前进一步呢?

K 女士:举个例子来说,上周二,F 博士走进来扔了一叠报告在我的桌上,说这些必须马上完成。我没办法——他走了以后,我只能哭。实在是太多工作了。我没办法让两个主管都满意。在那之前,W 博士已经交代了一个紧急的任务要我马上完成。他们不能指望我立即能把所有事情都干完吧!

教练:我明白那对你来说并不容易。那么如果你有"安全气囊",你会表现得有什么不同?

K 女士:那样我可能会告诉自己我能做的就是尽力。

教练:假设你对自己那样说了,那会带来什么不同?

K女士: 我会感觉轻松多了。

教练: 比如说你告诉自己"我只是尽力去做就是了",然后你感觉轻松多了。那你接下来会做点什么不一样的?

K女士: 你知道吗? 我可能会短暂歇息一下,给自己泡杯咖啡,然后再去开始做其他事情。

教练: 所以你会稍微休息一会儿 …… 我理解。F博士把他的报告放你桌上然后……

K女士: 是的,我想最重要的是他一走我就要出去。这样我就不会被困在我的桌子后面无法动弹。我大概还不知道我要怎么对F博士说,但没关系。首先我得起身走开。然后我会花点时间选择一下接下来我该开始做什么。那样我就会知道我在尽力做事。也许我也会想想我们这个谈话,会想起要照顾好我自己和争取一个安全的距离。

教练: 那么,这些是明确的线索,让你知道你已经安装好你的安全气囊了。在这一天里还有哪些事情会告诉你你正在通往下一步的正确道路上?

又描述了几个接下来步骤的细节后,我问K女士是否还有什么是我们需要谈的。然而,没什么需要再谈的了。

在商业和管理情境下,我们习惯于通过把选项转换为包含有几个要点的清晰的行动计划来结束会谈。我们知道,清晰规划的结果、恰当分配的角色和责任,以及具体的截止时间都有助于达成目标。

许多教练要求他们的客户在 24 小时内发邮件总结会谈,并且写下他们决定采取的行动。有时客户甚至会在下一次会谈前 24 小时内发来邮件,描述他们已经取得了哪些进展。

> 总是行动以增加选择的数量。
>
> —— 海因茨·冯 福斯特

国际教练联盟将有效支持客户实施他们的计划归为教练核心胜任能力之一。一个对客户表示尊重的提供支持的方法是,持续地将客户看作他或她自己的解决方案的专家,并问他:"我可以如何协助你为你决定要去做的事负责?"

增加选择

既然这是一本关于高效教练的书,那么我们愿意为你提供一个不同视角来处理接下来的小步行动。上面提到的选择可能非常有效,能确保小小的行动真的会发生。高效教练更愿意打开广阔的视界去看可能采取的行动想法,而不是指派一两个具体的行动给客户。教练的态度是要相信这个事实:客户会选择最适合所处情境的选项,而且这些选择不总是能够被计划和提前预见的。某种程度上,我们期待一个自然发生的过程,在这个过程中最适合的选项可能在路上才出现。

尤其是当你想到要保持教练会谈的简短和高效时,记得创造更多数量的选择,而非局限于少数有用的。一方面,教练的角色是要尽可能提供一个好的开始,也许新的情况会出现:可实现的选择越多,适合的可能性就越大。另一方面,你无法知道客户是否还会回来做下一次会谈。如果你鼓励你的客户集中在有限的可能性上,有可能发现,在开始看起来有希望的事情并不符合真实的生活。在长程教练中开发新选项不那么重要,因为,如果上次你们同意的那个不起效的话,你可以利用下一次教练会谈去考虑新的选项。然而如果你工作时把结果放在心上,就像在高效教练中所做的那样,就会有充分的理由让这些选项尽可能地开放和丰富,以增加客户成功的机会。

实践练习

这个练习是为我们的教练学员们设计的。在一场激动人心的培训后你可能了解这样的感受。你充满了各种新的好点子,满怀意向要去在现实生活里把它们都尝试一下。

学员们报告说这个预测任务对于学以致用非常有帮助。

准备一张纸,设计出下面的表格:

日　期	预测:我今天是否有机会尝试一样新事物?	分数
第一天		
第二天		
第三天		

每天早上花 10 秒钟时间看看你的计划表。然后做一个预测,

关于你是否有机会尝试你在这本书里发掘到的新想法。当然,并没有办法真的知道接下来这一天中在你和其他人谈话时什么情况会出现,所以你需要猜一猜。在列表上写下你的预测,然后在一天结束时回头检查一下。预测对了你可以得分。在接下来的十天内继续这个实验,可以有三天例外,这三天里不需要做预测。七天,你最多可以得七分。你觉得可以得到几分?

在我们的课程中,我们向参与者解释说,他们如何可以作个弊以获得多点分数。如果你预测的是"是"而那天到最后还没有任何机会冒出来,你可以假装你在办公室遇到的最后一个人看起来真的需要一个奇迹。所以你就作一个奇迹提问,然后可以得一分。另一方面,如果你预测的是"否",而一个客户明显地为你创设了一个绝佳的机会,你忽视这个机会。在这样的情况下,做你平常做的事情,然后得一分。

正如你已经猜到的那样(或者当你做的时候留心一下),这个练习是精心设计来减轻压力的,同时为你们将所学应用于实践,增加了你们留意到好时机的可能性。

第9章 会谈的收尾

如果你只有一次机会与客户会谈,那么你会设法为客户提供一个最好的会谈收尾,以便为客户教练完成后的生活做好准备。当然,如果你的客户提出要求,进行第二次或第三次会谈也是可以的。但是,在高效教练中,很重要的是,你要清楚什么时候结束以及如何结束会谈。

规划最后的几分钟

在教练会谈即将结束的前几分钟,你要着手做好以下准备:

> **工具箱**
>
> **一次简快教练会谈的结束提示**
>
> **开放式主题**
> ⊙ 在我们结束今天的会谈之前,还有什么事情是我们

还没有谈论的吗?

⊙对你来说我们如何完美结束会谈,今天的会谈算是一个完整的收尾?

重新核对目标

⊙在 1 至 10 分的评分中,相对于你的目标来说,本次会谈中关于目标你会评几分? 我们现在可以结束吗?

思维间歇

这是一个很好的机会,慎重选择一些赞美,或者考虑为客户设计一次试验性任务。

⊙现在,我想要稍微休息一下认真思考下你所说的。我就离开一会儿。你也可以放松一下。我回来时,会告诉你我所思考的内容。

赞美 / 向前反馈

⊙回想一下你刚刚讲的,我对 …… 印象非常深刻 ……

尝试性任务

⊙我有个主意,你可能想试一试,它可能会支持你达成你的目标 ……

商量下一次会谈

⊙我们应该怎样继续? 当然,如果你还想有下一次会

> 谈,欢迎你随时打电话给我。我的一些客户喜欢约定下次会谈的具体时间,有些人则喜欢先在实际生活中检验一下哪些是有效的。请让我知道什么是你想做的。

> 教练会谈的结尾是进一步确定客户所有的能力和资源的一次好机会,这能够给我们自信,相信他们能够实现他们的目标。一般而言,我们可以通过一种赞赏式的方法使客户理解他们拥有很多资源,就像一束美丽的花。

以上的阐述有几点是清晰而明显的。在我们的培训中,我们会花更多时间用于"赞美"和"尝试"。这两个方面都有出色的研究,值得仔细看看。

欣赏式强化

赞美或欣赏式强化常常是教练在教练会谈中的首选,而且他们认为这是对客户最有用的技巧。

赞美可以很好地支持客户实现他们的目标。这也正是我们常常以"我对……印象深刻"这样的句子结束一次教练会谈的原因之所在。之后,我们常常会说我们的客户擅长什么,或者,我们会提及客户对达成目标所做的有益的行动。

自然地,赞美并不局限在会谈结束时使用。一般来说,在会谈中间，你也会很自发地向你的客户表达你对他或她的欣赏。事实是，你对客户本人感兴趣，你的所有好奇和全部注意力都指向，客户是如何做到使他或她的生活发生如此大的改变的。

蒂姆曾说："作为一位教练，我相信未知。（As a coach, I believe in what I don't see.）"这句话很好地诠释了对待客户的方式，那就是，尽管你看不到，但是你要相信他们有着潜能和能力。你对尚未看到的资源抱以相信的态度是对客户最好的欣赏之一。

同样，在合作过程中，从教练的专业角度理解并充分信任客户的潜能，这就是赞赏式反馈的全部。

关于尝试的建议

对客户布置家庭作业或做一次尝试能够鼓励他们坚持实现目标。特别是在高效教练中，鉴于你与客户的见面次数较少，因此尝试就变得很重要。显然，在教练中获益的部分会在会谈的间隔继续发挥作用。一项科学研究表明，尝试性任务有助于显著减少会谈次数*。

	成功率	会谈次数
有尝试性任务组	86%	2.9
无尝试性任务组	86%	4.2

如果有效，就继续；如果无效，就做点不一样的。

尝试的基本原则非常简单。第一条原则是对教练的警告："不

---

*　本研究根据短期家庭治疗中心（BFTC）的短程治疗会谈进行。

破不补！（Don't fix what is not broken!）"当然，由我们的客户确定什么是"破"的。如果对客户而言不存在问题，作为教练就不要胡乱介入。

第二条原则：如果客户所做的是有效的，就鼓励他或她多做一些。高效教练的大部分时间都是在谈论什么是有效的。而这就是为什么对客户而言是简单的原因——这就像他们给自己布置了一次暗示性的家庭作业。对客户已做的、有效部分进行赞美能够强化这一行为，而且你不需再提额外的试验建议。

第三条原则：如果一位客户正在做无效的事情，鼓励他或她尝试做些不一样的内容。这条原则有另一个备选项，但这似乎对我们不是很有利，即"Try harder!"做更多无效的事，而且要更频繁。我们知道还有其他警告，如：没有效果是因为你还不够努力。如果一开始你没有成功，那么再试一次！让我们一起来看一个例子，关于一位已尝试三次与老板对话要求加薪的员工。如果他试着开始第四次尝试并使用同样的理由，那么他成功的机会有多大？他是继续第四次唠叨？当我们说，做一些不一样的事情，指的是真的做一些不一样的。客户往往最了解什么是真的不一样的。如果你问他们，在他们所处环境中，他们做些什么会引起轩然大波，他们常常能很快地举出许多例子。

做点不一样的

在高效教练中，关于"做点不一样"形式的家庭作业有三种经典的建议。

观察任务

做点不一样的是建立在观察任务基础上的。来访者在接受教练前,他或她可能已经观察到了许多事情。通常,这些观察是关于来访者糟糕的和导致他陷入困境的内容。我们建议客户做些不一样的,是指观察哪些是起效的以及是如何起效的。来访者所面对的是一个如此庞大的事实,以致他或她只是感知到了部分内容(如某人老是不断地唠叨)。我们邀请客户去感知事实的另一部分(如,有时候他也是非常体贴人的)。教练会谈的部分时间被用于与来访者一起体验这种焦点解决式的观察。

假想体验

假想体验不是改变观察内容,而是介绍一些细小的差别。客户被邀请假设奇迹已经发生。置身事外,这就像来访者是真的在做一些不一样的事情,尽管他或她是假装的。在教练会谈中,花更多时间用于描绘第二天清晨奇迹发生后的细节性内容,来访者的假想奇迹就会更加容易发生。这个试验可能会限定时间(如,某天的1小时),这样来访者就有足够的时间在他们身上或其他人那里感知到有用的差异。

预测尝试

预测尝试是关于另一种方式"做点不一样的"。客户被邀请将他的或她的关注点从做一些对的事情,改变为能否正确预测事情会否发生。一些客户认为预测正确的结果和恰当的行为有一种递增的压力感,而施压是没有什么帮助的。预测尝试是指做一些不同形式的努力。当客户能够正确预测这不确定性时他们就会明白,这能够帮助他们顺利减压。(如,他是准备继续唠叨还是不会,这与我在做些什么无关?)

工具箱

对尝试的建议

在三者之中择其一。

三个任务的指导语均为:"我有一个想法,或许可以帮助你实现你的目标。当然,我不能百分之百保证,但这只需要花费你一点点时间。你想要听一听吗?"

观察任务

"明天,请仔细观察,什么是你生活中发生得比较好的?什么是你希望能拥有更多的?某种程度上,这类信息将有助于你达成你的目的。你可能需要记在笔记本上,然后在下一次会谈时再告诉我详细信息。"

假想体验

"今天,你描述了奇迹发生后的各种不同情况,以及你将如何用不同方法应对。下周请选择某几天或某几个小时,假想奇迹真的发生了。记住要保密,不要告诉任何人你正在进行假想体验。你只要仔细观察其他人会有什么样的反应,让我们在下一次再谈一谈。"

> **预测试验**
>
> "我想邀请你从现在开始到我们下一次会谈期间,每个晚上都试着预测一下我们今天所谈及的事情是否会在第二天发生。当然,你既不可能知道也不可能真的影响它。你只需猜测和在第二个晚上确定你是否正确。每猜对一次你就得一分,在下一次会谈时,请告诉我你一共得了几分。"

教练实践

K 女士的休息

在我与 K 女士教练会谈的中途休息期间,我很快清醒地意识到我应该怎么赞美她了。尽管她有很多麻烦,但是她仍能够每天坚持上班;尽管在一种被他人称为难以忍受的环境下工作,但是她仍在努力照顾好自己。她已经从 1 分成功达到 3 分,甚至有时候会有 6 分、7 分及 9 分。要为她安排一次试验或家庭作业需要更多一点时间。她看起来有很多目标。一个目标是找到一份新工作,增加自信心;另一个目标是能够更好地应对现有糟糕的工作环境,更好地照顾好自己。结束时,我有了一些主意,尝试每一种试验形式。

观察任务是很简单的。她能够将注意力集中到当下,此刻她是如何照顾自己的。

假想体验就具有难度了。我相信当她在家时,她能够假装奇迹发生后的景象。但是我不确定要求她在工作场所也这样做是否是要求得有点过分了。在这种任务中,她需要能够自由选择假装的地点,是工作场所发生奇迹后的 1 小时还是在家庭环境中。

预测任务也是简单的。在她发现她已对 F 博士产生了很多影响后,她能够预测他是否会在第二天赞美或不赞美她。

最后,我决定选择最简单和最容易的:观察任务。我邀请 K 女士去买一本漂亮的日记本,用来记录她是如何照顾自己的,记录下任何使她对自己感到骄傲的事情。我希望她能够更好地应对她的工作环境,如果她意识到她正很好地照顾好自己。或许她还能够获得一些自信心,这样她就更有可能成功找到一份新工作。

设计和包装家庭作业充满了许多乐趣。但是,是否想要尝试或尝试你所建议的哪一个任务是由客户确定的。客户拥有良好的直觉,来确定什么是对他们最有用的。

实践练习

所有与你工作相关的问题都得到解决了

这项任务是茵素·金·伯格非常喜欢在第一天工作坊结束时布置给学员的一项任务，当然，你可以在任何一天会谈结束时进行尝试。茵素告诉学员，要他们假装进入工作坊的那扇门是由某种看不见的魔法所建造的。"这种魔法使你的工作不存在任何问题，因为它们都得到解决了，就像发生了某种奇迹。因此，你的任务就是穿过这扇门，奇迹就在你穿过门的一瞬间发生了，直至你第二天再次穿过门时才失效。仔细观察你在晚上、在家中，或在任何你所到之处，你的表现有何不同，你身边的人的表现有什么不一样的地方。当然，你不能告诉任何人你正在完成某项任务，你只需仔细观察生活中有什么不一样的地方。我们将在明天早上继续这个话题。"

当所有学员在第二天返回工作坊时，茵素会邀请他们相互配对，相互提问他们是怎么留意到奇迹已发生了，其他人会发现他们有什么不一样之处。某些人会不情愿地承认他们忘记做这项家庭作业了。茵素会问："哦，真的？不用担心，就假装你做了这项作业，然后告诉其他人如果你已经做了作业，你将会观察到什么。"

第 10 章 后续会谈

无论何时，客户要求再接受一次后续会谈时，主要目的要聚焦在寻找客户的改善之处，以及它们是如何实现，是怎样维持的。

> 如果你想要成长，你就需要识别那些细微的信号，并且要关注他们，就像你关注一株正在发芽的植物一样。

询问什么变好了

在高效教练中，大多数后续会谈始于"什么更好了"这一提问。这有助于客户将其注意力集中到什么是已经起效的，并指向正确的方向。我们希望聚焦在客户为完成目标已做的努力上。我们会好奇，并询问客户在两次会谈间发生的众多事情中，关于某类特定事件的细节和相关记忆。

这有点像是电影《富贵逼人来》(Being There)中那位照看花园的园丁。花园中，有一棵榕树，树叶已开始掉落，静静地躺在土地上；或许，他最喜欢的玫瑰丛的嫩芽被一些小孩摘光了，其余的花朵看起来还像以前一样。花圃里有些地方也长了一些新的嫩芽。如果你希望植物能够生长，你必须要能够识别一些细微信号并细心照料，就像照看一株新发芽的植物。如果你想要找到这些细微信号，你必须得仔细寻找，搜索你的记忆，识别微小的差异，并选择那些预示有进展的信息。当你关注到那些初始的进展信号时，你会忽然之间发现，在你周围存在许多能够证明成长的依据，甚至比你当初想象的还要多。

客户通常不习惯关注那些上次会谈之后有所好转的事情。看起来人际沟通似乎主要用于抱怨。当然，这也是可以的，而且也充满了许多乐趣。我们来自维也纳的同事索尼娅(Sonja Radatz)认为，西格蒙德·弗洛伊德所在的城市居民将抱怨转化为一种艺术形式，如果没有什么事情是可抱怨的，那也就没有什么乐趣了。尽管如此——或者也正因为如此，我们了解并接受这样的习惯，作为教练的任务是提供机会，用教练会谈时间做一些比抱怨更有用的事情。

你应当期望在来访者能够回答"什么更好了"这个问题前，是要进行认真的思考。你将会听到的最常听到的答案是："我不知道"，或者"没有什么"。其中隐含的意思是："噢，我从来没这么想过，请给我一些时间，我需要想想。"因此，作为一位教练，你只需要安静地靠背坐着，给你的客户一些思考时间。

教练实践

自行车上的自我教练

我记得一位非常聪明、年轻、有活力的男客户。他是他所在城市福利部门的主管,这是他第三次教练会谈。像往常一样,我首先问他是否有其他重要主题需要在教练会谈中留些时间进行讨论。他回答,在会谈期间他希望能够为即将到来的一次董事会会议做准备。我们决定为此花些时间。然后,我开始后续会谈开场的正式提问,这可能有点像几周前当他接受第二次会谈时我曾问过的问题:"你能告诉我,自我们上次见面后有什么变好的事情吗?"这位年轻男人看着我,然后放声大笑,"我知道——我就知道你今天会问我这个问题!我在骑车来这儿的途中已经为此准备了……"

这是我第一次意识到为什么高效教练会如此简快的原因。这是一个非常简单的教练过程,客户能够很快地学会这套模式。正因如此,他们只需要少数几次会谈就能够强化他们的能力,聚焦他们的意识。如果我的记忆正确的话,这第三次会谈是我们最后一次,或倒数第二次会谈。他确实是一位非常聪明的年轻人,他学得非常快。

工具箱

关于后续会谈的提问

⊙ 我们今天需要特别留出一些时间对其他重要话题进行探讨吗?

关于会谈间隔期间的提问

- 什么方面好转了?
- 其他还有什么变好的?
- 你是怎么做到的?你都做出了什么努力?
- 其他人会说你什么变好了?
- 他们还会说什么?
- 1至10分的评分中,你现在给自己评几分?
- 我会看到什么是你在做而以前不会做的事情?
- 你会如何做到保持这些改变?

教练实践

K女士:55岁的新工作

当K女士在三周之后联系我时,我有一点儿不太愿意去问什么是有好转的。对于她工作和生活糟糕处境的描述,我仍记忆犹新。我曾想我们需要一个奇迹才能使事情好转。但是,令我非常惊讶的是,对她来说回答我的问题是件轻而易举的事。K夫人说,她最大的改善是她逐渐能够容忍她的工作场所。她开始变得很擅长以致她甚至开始想象能够保持现在的岗位,并与F博士和W博士相处良好。她说,感觉上就像摆脱了一个重担。尽管如此,她最开心的是,她意识到她真的拥有一定的掌控权,选择留下或离开。两个选择都是可行的。

我说:"听到你这么说,我真的觉得非常开心和放松,K女士。但，如果可以的话，请允许我再花几分钟时间回顾一下。你能告诉我，在过去 3 周还有什么其他事情有好转吗?"

K 夫人说，她感觉与她的小小日记本像是谈起了恋爱，她现在对写进小册子的许多内容感到非常自豪，以致有时候会与她的最亲密的朋友分享其中的某些段落。

这能够为她提示其他一些好转的事情。她在社交生活中变得更为主动了。她至少一周一次会与朋友一同外出，有时候甚至在工作日。

最后，她看到一份非常有趣的招工广告。她鼓起所有勇气，打通了电话，询问关于工作的更多信息。她递交了申请书，现在正在等待答复。但是，回过头看她现在这份工作，她不再有任何压力感。一旦拥有了机会，她会非常慎重地做出选择。

教练会谈的最初几分钟会被用于回顾客户生活中发生的各种改善之处。利用这种搜索成功过程的动力和能量，再试着找出其他好转的事情。只要客户处于这种高效模式，回忆着所有蕴含希望和自信的事情，教练就可以不用打岔。在所有事情都回顾一遍后，选择其中一件最有用的事情以挖掘更多细节就会变得更容易。

教练:所有事情都有好转迹象，那么其中你感到最自豪的事情是什么?

K 夫人:可能是 F 博士和 W 博士现在与我相处的方式吧，待我就像对待一位有能力、有价值的人。

教练:他们那样做了?

K夫人：F博士甚至贴了一张"谢谢"的便笺在我的办公桌上，感谢我在5点之后为他完成的一份报告。W博士表现得更为礼貌，会在早上与我打招呼。他也曾问我，我是如何办到同时为两位上级工作的。然后，我提出了一个关于我们如何能够有效合作的建议。

教练：你是怎么办到的？我能够想象，这确实不简单。

K夫人：事实上，这很简单。他只要对我表现得更为尊重就行了。

教练：哦，我明白了。他现在更尊重你了。如果你能够做些什么使他更为尊重的话，你会做什么？

K夫人：我想我知道。这事儿发生在几周前，当他跑进我办公室时，当然，我听到他的脚步声了。当他走进来时，我记得我直视他的眼睛，就好像我在说，"现在是怎么回事，年轻人？"但是我没有说任何话，而是等着，直到他打破沉默。这是他第一次这么说，"K女士，你能够……"就好像他知道我将不再忍受一样。

谦逊的客户

这个简单序列表明有一些事情会常常发生：客户描述出现了改善，而改善发生似乎是得益于周围环境或者是其他人做了一些什么事。为了使教练有效并维持这种改善，那么需要关注客户自己的努力。而且，有助益的部分应该是与客户有关的，这样他或她就能够使之再次发生。关于这种特质的奇迹提问可以是："当然，其他人能帮助你，如果你也能够做些什么的话，那会是什么？"

客户了解的细节性内容越多,这种行为再次出现的可能性就越大。而这也能使他们对维持改善的信心增加。

K女士现在对自己在进度表上的评分是6分。主要问题仍在于她对是否需要寻找一份新工作感到犹豫。她对此不确定。她希望能够等到第一份工作申请的答复,然后再决定应该怎么做。在接下来的会谈时间中,我们一起探讨了K夫人可以做些什么以维持她的这种改善,并使这种状态在接下来的几周中达到日趋稳定。当然,我们还一起讨论了什么能够支持她度过这正常的起伏过程。我对她所取得的所有进步表达了我的敬佩:照顾好自己、像一位有能力的工作伙伴一样得到了尊重、在写申请前打电话给提供职位的公司了解情况。

> 你不能教会任何人任何事。你所能做的只是帮助他们自我发现。
>
> —— 伽利略

正如K女士的这个案例,客户通过自己的努力得到自己想要的,我们多次被这种天赋所震惊!

提高刻度化评分

在我们的工作坊中,学员常常会问我们,为什么不与客户探讨他们做些什么以便能取得更多进步。为什么我们不问,"为了获得更多改善,你下一步将会做些什么?"与学员讨论时,我们感到好奇并会问:"你认为 —— 我们为什么不那么做呢?"其中我们曾听到过的一个有趣回答是:"维持已取得的进步并不是件容易的事情。拥有已有的事情并只是维持,这是件困难的事情。我认为只要维持改善不再是一个挑战,客户将会自动采取下一步行动,而这一过程是不需要一位教练的。但是,客户确实需要一位教练与其一同庆祝所取得的成绩,并帮助客户做更多已经做过的事情。"

对此,我们没有任何补充,除了事实上或许是客户想要通过下一次会谈来制订下一步行动进行改善。当然,我们与客户相处融洽,因为他们在如何实现他们的目标方面是真正的专家。但是,我们不会首先提及这个话题。

没有好转时发生了什么

像 K 女士这样的后续会谈对教练和客户而言,算是一次不错的体验。并且,像这样的形式发生并不特别。然而,在我们工作坊中也有一些学员会担忧:"如果事情没有好转或者恶化的话会怎么样?事情会变得更糟糕吗?那时我们该怎么做?"

教练实例

未知是教练保持的最好状态

前不久,在我们演练会谈中有一位学员曾提到一次有趣的经历。他参加了我们工作坊的第一模块培训,也就是关于第一次会谈的相关训练。其间,他的一位客户出现在第二次会谈中,而那位学员唯一记得的是以"什么更好了"开始一次会谈。因此他相信过程,并感到放松,因为最近一次会谈进展顺利。因此,他问到"有什么情况好转吗"时,客户回答:"好转?没有任何事!"教练目瞪口呆,不知作何反应。他坐在椅子上向后靠了靠,差点对客户说:"我放弃了,你了解的,我是一位新手。我真的不知道接下来该做什么了。"但是,他忽然回过神来,并表示需要时间理一下思绪。与此同时,客户意识到,显然教练没有像预期那样有所反应。因此,他思考后便说:"好吧,也许下周会发生些例外,而这可能就是比较好的事情。"然后,他继续报告了相关的成功经验。

这位教练,我们的学员,发现这一下的转变使他的教练会谈变得尤为有趣,因为他之后懂得了在这种环境下,我们向他所提议的——等待,未知。他所做的也是非常有用,只是他还没有意识到。未知是偶然发生的。

工具箱

急救装备

如果客户说:"我不知道。"
⊙ 向后靠并且等待。
⊙ 说:"假如你知道的话。你认为你能够告诉我什么?"

第 10 章 后续会谈

如果客户说:"没有一点儿好转。"

⊙ 向后靠并且等待。

⊙ 说:"我很抱歉听到你这么说。我倒是希望能有一些事情会稍微变好一些,甚至只是有那么一刻也好。"

⊙ 说:"咦,那事情是怎么没有变得更糟糕的呢?你是怎么做到的?"

如果客户说:"变得更糟了!"

⊙ 说:"我不知道对你而言事情会变得如此糟糕,那你现在是怎么应对的呢?"

⊙ 说:"我了解肯定有那么一刻对你而言是特别糟糕的。这让我想知道:事情只是一般糟糕时,有什么不一样的地方?"

高效教练中有一句古老的谚语:问题不会一直存在。那么余下的时间会发生什么呢?

进一步会谈

在我们的实践中,我们通常只会见我们的客户一次或两次。通常情况下,一次会谈便足够了,有时候需要一次后续会谈以确保客户能够决定他们不再需要接受教练的帮助。他们现在已准备好利用自己的资源,依靠自己实现他们的目标。

> 如果帮助能使你从需要更多帮助中解放出来，这样的帮助才真正有用。别说你在帮人，除非你将他们从需要更多帮助中解救出来。
>
> —— 尼萨伽达塔·马哈希

较为少见的是，客户在很长一段时间后会再次联系我们，为的是与我们探讨另一个话题。更为常见的是，尽管他们认为教练很好，也很有帮助，甚至会推荐朋友接受教练，但是他们仍会依靠自己的力量解决问题。

我们有时想，我们应该怎么解释这一现象。一次或两次的会谈怎么就能够增加人的自信心，使他们如此持续地信任自己有能力解决问题，以致我们的客户不再需要教练？

其中一个可能性是，我们的支持过程是如此简单，以致我们的客户能够在一次会谈中就很快学会，然后应用在自己身上。

"这就像是你大脑的一个开关，"我们的一位客户曾经这么说，"这开关将使你能够改变你的视角，这无论何时都是有用的：从关注什么是无效的到关注什么是已经起效的。"

另一种可能性是，我们所做的努力在不断强化着客户已拥有的内容：他们自己的资源。

实践练习

拿出一张白纸,写下至你开始阅读本书后发生改善的事情,至少 25 件。

在我们的试验中,给出一个极具挑战性的数字进行思考是为了鼓励人们,并创造一种有用的思考框架。尽管找出 25 件事听起来有些疯狂,但是最后你所列的项目可能会更长,轻而易举地就超过了 25 件。

第 11 章 高管教练的三个案例

回顾最近几章内容，你或许会问自己："这真的有这么简单吗？"本章我们为您提供三个高管教练案例。你将会明白刻度化问句是如何巧妙应用于每个案例中。这三个案例均是关于在高效教练会谈中如何使客户获得能力的故事。正如你所了解的，建立在客户能力基础上的教练不仅仅会很快速，而且更为重要的是，其成果将会持续。

⊙案例 1：一位在消费品行业具有丰富经验的管理者需要为她的领导角色做好准备。

⊙案例 2：一位年轻的制造业管理者在一次管理评估中不及格，但是他想在几次教练后获得他老板的完全信任。

⊙案例 3：一位成功的银行总监面临一次复杂的职业转换决策并找到他对生活的真正期望。

三个案例都只进行了一次会谈。三位客户都需要马上解决所面临的棘手问题。在教练前，他们面临的局面均陷入了僵持状态。但是，他们都成功找到了可操作的行动。三个案例都证明会谈成果是长期可持续的——尽管教练是简快的，也可能正是因为它的简快。

根据我们对这三个案例及其他许多案例的工作经验来看，高效意味着是帮助客户开启行动的第一步，之后，客户自然会知道该如何继续。因此，教练会谈就是使教练变得多余，因为当教练结束时，客户的能力是仍然在的。

案例1：为领导角色做好准备

签订合同

我们为消费品行业的人力资源部门提供教练服务。海伦，高级主管，在一个更为艰巨的条件下面临着艰难的决策挑战，她需要所有她能够获得的支持。当海伦与我联系时，我们澄清了教练会谈的保密性和我的费用，但没有说明可能需要的会谈次数。我们达成共识，一旦海伦觉得她可以独自前进时，我们就结束服务。因为高效教练服务通常在首次教练的两小时内就会产生最大的价值，所以我有时会双倍收费，当然首次会谈前需要完成费用支付，正如我们之前所提的。如果客户认为第一次教练会谈没有什么收获，他或她可以不用支付任何费用。

开启会谈

海伦首先叙述了她所处的境况，一个确实让人不舒服的局面。一位顶层管理者从公司辞职了。缺了他，她所负责的一项重要战略项目就不再有足够的行政支持。她所在的业务部门员工——数千人表现出与日俱增的不稳定情绪,并且将精力浪费在无用的谣言中,而不是为公司创造价值。

我问:"你认为这次会谈发生些什么会让你觉得是值得的?"海伦想了一会儿,然后决定从改变她自己的工作行为入手:"我真的需要学习坚持我自己的意见——特别是现在的境况是如此艰难。我想我现在需要变得更坚强,尤其是面对CEO和项目团队时。"我们探讨了如果她能够更坚定自己的意见时会发生什么。显然这个主题对海伦是非常重要的,这样她和其他人就能从这个改善中获益匪浅。"思考一下在1至10分评分中,10分代表你如你所想的坚定自己的意见,1分相反。你能告诉我过去两周你对自己的评分的范围吗?"在仔细思量后,海伦选择了2至4分。"有时候我能够很好地处理,但是上周与CEO会面时,我没有提出要求,也没有很清晰地表达需求,原本计划的一个重要观点就这么从我脑中消失了。"就像许多客户一样,海伦首先关注那些她没能如她所期望的那样行动的时刻,她聚焦那些她假设的缺陷,而不是聚焦她能够找到解决的例外时刻。因此,我专注于提示她关注那些她此刻没有发现的能力。

"你做了些什么使你处于2至4分之间,而不是1分?"海伦描述了最近两周她发生的一些改变。比如,她开始有意识地关注某些少数派,并成功阻止他们做其他事情。她没有出席某次管理者会议,并授权给一位内部客户,由他决定在两个项目中哪一个将会被暂时搁置。我们简要回顾她是如何成功采取这些明确的决策并且面对阻碍也仍能够坚持。

目标

海伦并不想僵持在 2 至 4 分之间，她的目标是至少达到 7 分或 8 分。我非常欣赏海伦的动力，同时也很好奇她对期望的未来是否清楚该做些什么。"我们假设你已处于 7 至 8 分。当然我不知道现在这样是否合适，或者你将会如何实现，就让我们一起想象你已达到了 7 至 8 分。那么这时候，你会做些什么与现在不一样的事情？你能举一些具体例子吗？"在接下来的 10 分钟，海伦描绘了一个非常具体且多层次的愿景。我问她，当她处于 7 至 8 分时，项目团队的成员怎么能够知道，CEO 在与她下一次会面中如何能够发现，她最亲近的同事首先会注意到的是什么？然后，我们在会谈中分别探讨了他们会如何反应，以及这对公司可能产生的积极影响是什么。

此处，我们俩都清楚这是一种假设，海伦仍然处于 2 至 4 分之间。然而无论怎样，她被 7 至 8 分的场景所吸引，而且我能够感受到她想要实现这个愿景的决心变得越来越强。现在，她明白她想要的是什么。

更多资源

当我在倾听海伦表述她在 7 至 8 分时的行为时，我认为她肯定已经在某些时刻发生过比 4 分更高的场景。"海伦，你能否回想一下，最近曾发生过什么使你感觉接近或有那么一会儿时间近乎处于 7 至 8 分？"海伦想到了三个例子。一个是与 CEO 在一起时（她已描述过）在 6 分左右；某一次部门会议，可以评 7 分；最后一个例子是与项目团队在一起时的某个时刻可以评 6 分。"是的，在最后一次项目会议中，我确实有点儿不太一样。我们正在进行一次无止境的讨论,但是我没有让它继续。我做了一个决定。我诚实地表达了某些时候对那种环境的厌烦,然后我惊讶地发现这个决定竟被大家接受,而且被有效地实施了。"在进一步探讨与CEO的例子时,海伦得到了一些有价值的提示:为了从老板那儿获得清晰的承诺她可以再做些什么。

圆满完成

基于这些成功因素,海伦回想起了曾发生过的三次例外。她在接下来的72小时内,为了实现改变而制订了一个初步行动计划:"现在我已经很清楚我需要做更多努力!"我为她而感到高兴,做更多有效的行为比做一些完全新的或不同的事来得更加容易。最后在回顾目标评分时,海伦感到十分惊讶:"比起今天早上,我现在更接近我的目标了!"我们结束了此次会谈,并没有预约下一次。

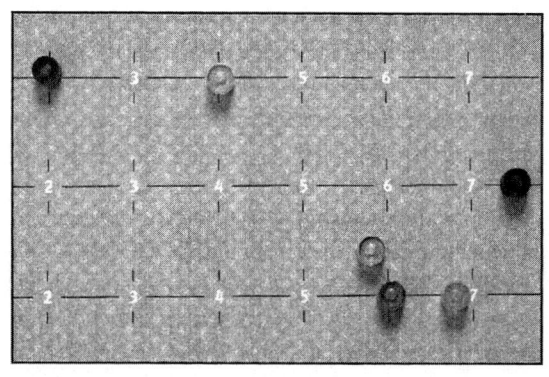

海伦在会谈中的评分板。第一行:最初的能力评估在2至4分。第二行:目标状态是到7.5分。第三行:在过去几周中已经出现的迹象是在6至7分。评分板是磁性教练工具,在 www.solutionsurfers.com 网站上可以找到。

之后,我收到了海伦发来的两封简短邮件。她更为坚定的行为看来开花结果了。同时,她接受了一项更具挑战性的工作,正在实施职业生涯中的下一步计划。教练会谈很简单。一些温和但引发思考的提问提醒客户关注她已拥有的能力,这就足够了。

案例 2:影响老板

在某些情况下,行政管理者(与其他人一样)想要其他人发生改变。这是在第二个案例中遇到的教练难点。

"在一次拓展性管理团队的工作坊中,我们进行了个人 DISC 测试(可参考 www.discprofile.com)。在 I (影响型)项目中,我的分数是 30,但是我的同事分数却在 70 左右。我想要达到 70 分,因为这对我成功完成工作具有重要作用。而且,我需要影响我的老板,这样他就会比现在更能够信任我。我持续观察了他很久,发现他不是真正地信任我。他没有完全授权给我。如果他不给我更多的信任,他又如何能够期望我的表现呢?"这是一位 38 岁、名叫约翰的产业管理者在我们教练会谈开始时所说内容的简要摘录。

行动的能力

我们开始寻找约翰愿景(影响老板使其能够信任他)的资源和例外。但是,这比通常情况来得更具挑战。老板看起来是一个难搞的对象。看起来似乎没有信任约翰的前例,哪怕是有点儿信任迹象也没有。因此,我问:"告诉我你目前的职业生涯。你是如何能够如此快地上升到管理层?你才38岁,对吧?"他描述了一些自己已有的相关能力。在他的职业生涯中,存在一些他成功影响上级的重要例子。比如5年前，他被授权负责所有产品设施的更新工作，而这项任务的顺利完成正是他晋升为目前职位的重要原因。从约翰告诉我他是如何获得前老板的信任中，我能够看出约翰的雄心和能力。由于这次回忆，约翰从以前的事情中领悟到他能够成功的许多因素。之后，他甚至回想起一次他与当前老板一起工作的场景。老板派他到亚洲解决其中一家子公司正面临的冲突困境。现在，约翰清楚地记得他曾发表的一个意见使得老板感到非常惊讶，授命并且是完全放手由他负责。他非常开心，因为他找到了运用影响的方法，而且这个方法不仅让他感觉真实可行及适合自己，而且这个方法在以前已经取得过成功。

观察的能力

无论如何，约翰仍旧感到有些焦虑和怀疑。他不知道当他尝试做出改变后，他的老板是否会做出积极的反应。他的老板会更加信任他吗？他能不再管得太细吗？我们都知道我们的教练会谈并不会改变他的老板，但是，我们都同意约翰不想错过他老板哪怕是很细微的一点改变。直到现在，约翰才初步留意到，当他老板再一次说明时，就意味着缺少信任。当他老板只说明一次时，就预示着信任的产生。

"假设，通过你不断努力，你的老板真的开始变得不一样了，那么，你认为他开始真正信任你后，他首先会表现出什么行为？"我问道。我没有放弃询问，一直到约翰回想起许多线索，并清楚提示了他与老板之间关系的改善。我们在约翰写下一系列他愿意尝试的行动内容后结束了教练会谈。

解决方案

当我们在3个月之后偶然相遇时,约翰提到尽管工作环境仍旧很糟糕,但能够与老板合作相处确实是件非常好的事情。我不知道是什么对约翰起效,可能是约翰放大了他已有的行为方式,或是他从影响能力中新近获得的自信,还可能是他对老板暗示的精确感知。从系统观角度来说,我认为约翰的每一个改变都影响着他与其他人之间的交往和他人对此的回应。对于一位建构主义者来讲,或许只是因为约翰开始感知到现实的不同方面,对他以前忽略的他老板的积极信号加强了关注。有一件事是我们可以确定的,那就是:只要约翰接收了来自老板的正面信息,他就将继续坚持他的目标导向行为。

案例3:职业决策

有时候做出决策的过程是很复杂的。决策看起来是不可解决的,没有一个选项能够吸引人的注意。欧内斯特总监,具有足以让人印象深刻的银行从业经历,坐在我面前,花了近30分钟向我详述了他对两个内部职位晋升的决策细节。他必须在接下来的4天内作出决定。他供职的跨国银行由于重组而有些混乱。当时,他们正处于新旧组织架构交替,存在一系列不可预测因素。

"在我们接下来的30分钟会谈中,我应该怎样才能最好地帮到你?"我问。

"我不知道",他说,"在接下来4天中,如果我不做出决定,我就不会再有时间弄清楚什么是我真正想要的。你知道吗?到现在为止,在职业生涯中我所做的任何事情都是受外在环境的驱使。

事实上，我真心希望能够为我自己花费时间，选择我想要的生活，按照我自己的喜好形成我的生活圈子，但是，现在我却又陷入了两个选项之间的选择，只有两个！"关于是否停留在这个主题，我征求了他的意见。他同意了，认同形成自己的生活圈确实很重要。我说："让我们把这个话题转换成一个1至10分的评分区间，如果10分代表你形成了自己想要的生活，那么你现在给自己评几分？"在仔细考虑之后，他的回答是2.5分。接下来，我们关于2.5分与1分之间的细微差异讨论了近20分钟。我一直重复问："你在2.5分上，还做了什么其他事情？"我们探讨了他的小小突破，不管是在银行还是在家中，他都积极参与运动，当青少年的橄榄球教练。他和妻子之间良好的关系是他认为的某些个人成就。我问他，在这些事情上什么是让他最感到自豪的，他回答："是我今天来见你了！无论如何我来了！我推掉了两个内部会议，从苏黎世开车到这儿，现在我坐在这儿，这一切都是为了我自己！哪怕对此我要牺牲周末时间赶上工作进度。"在我们结束之前，我想要了解一下，就决策方面他是否需要从我这里获得任何帮助。"不用了，忘了这个决策吧。世上是不存在完美的、可预见性的决定。无论最后我的决定是什么，关键是我意识到我开始做一些对我真正重要的事情，为我自己做事。"在说这些话时，他的头朝向苏黎世方向，他已经是一个为自己做事的充满自信的男人了。

当一个困境看起来无法解决时，作为教练的我们有时会提供另一种视角和第三个选择。从一位我们共同的朋友那儿我听说欧内斯特正在为自己而努力。

🧰 工具箱

简要回顾以上 3 个管理教练案例的主要观点

- 谈论能力而非缺陷。
- 问一些有效的而不是失败的。
- 形成对所期望未来的想象,而不是分析问题的原因。
- 找出困难背后存在的需求,以终为始。
- 利用刻度化问句寻找不同和切实的解决迹象。

教练对会谈的贡献是简单朴素的

1. 坚持寻找已存在的资源。
2. 如果客户的视线深陷在未解决的问题和缺陷里,轻拍他的肩膀邀请他朝着更有帮助的方向去扩展视野。

作为一个高效教练,其挑战在于:即使在事情变得复杂时,要仍然继续保持简单;当客户的能量不是那么明显时,也要认定客户是有能力的。

我们承认保持教练如此简单并非易事,但是教练和客户都会对这样的结果非常满意。

实践练习

掷骰子

对于那些对他们客户隐藏的资源感到好奇的教练来说,这是一个"假装"试验。

在开始下一次教练会谈前,拿两个骰子来掷一下。第一个骰子是指会谈开始后几分钟开始你的试验。两个骰子一起扔,是看这个试验要持续做几分钟。在试验期间,你的行为举止看上去要像你真的完全相信:

⊙ 你的客户拥有所有会谈所需的资源。
⊙ 没有任何需要增加或改变的事情。
⊙ 你唯一的任务就是观察和强化已存在的资源和解决方案。

会谈之后,花几分钟时间思考一下,在你试验期间有什么不一样的。

第 12 章　超越技术：坚持学习

当我们在教练研讨会上遇到教练同伴时，我们常常为他们持续学习的热情和好奇而感动。他们会兴奋地告诉我们目前正在实践的事情或工作中的新发现。他们坐在大厅与参会者畅谈他们的探索。他们的座右铭是："你不能阻止老狗学会新把戏。(You can't keep an old dog from learning new tricks.)"教练专家和新手的唯一区别可能在于，凭经验学习不同的内容。越有经验的人，所提的关于教练技术和过程的问题就越少，更多的是提出关于如何超越熟练掌握的技巧。

本书最后章节，我们希望能够介绍一些超越技术学习的领域，并告诉你如何拓展你的视野。其中有一些已被国际教练联盟（the International Coach Federation）确定为专业教练的核心能力。

教练状态：

全身心地关注客户，并与客户建立自然、和谐的关系的能力，保持一种开放的、灵活的和自信的风格。教练在会谈过程中保持当下的、现场的状态，相信内在已知，跟随直觉指引，对未知保持开放的心态，去探险。(ICF 核心能力)

教练状态的艺术

我们认为教练状态是教练对当下出现的状况灵活反应的一种能力。通常这需要我们忘记我们的期待或如一些会谈框架或标准化提问等概念。当教练的提问是出自客户的回答之上，或者会谈中教练和客户一起探讨新的内容时，就会展现出教练状态。教练不知道谈话会导向哪里，也不知道这么做是否有用。教练随机应变，并确信这是有效的。教练可以改变他们自己的视角，可以尝试性地做出选择。

与客户共同创造的艺术

超越教练技术的第二个学习领域是：教练相信客户不仅是他或她的目标和个性化解决方案的专家，而且是使教练过程进一步产生效果的合作专家。

比如，你可以看到，教练会随着客户的意识而行动。他可能会征询客户对如何继续会谈的建议，就某一话题展开讨论时会先征得客户的同意。如果教练不知道如何应对时，他或她会诚实地问客户，他还应该再问什么问题会对客户有用。

掌握共创艺术的教练会在客户的想法和念头上生成一个真正独特的教练过程。

在一次教练的进阶培训中，洛丽指导艾伦，另一位学员。洛丽在开场问了艾伦两个问题，然后在短暂沉默后，说："噢，这对你来说，真的不容易 —— 我甚至都想不出一个合适的问题来。此刻，我都不知道我该做些什么，对你而言会是有帮助的。"她看向其他一位学员，看起来有点儿无助。然后，她再次看向艾伦继续说："我能插句话吗？你愿意跟我换一下座位吗？"艾伦点头同意了，"教练"和"客户"更换了位置。洛丽："艾伦，如果换做你是教练，你会对作为客户的你问些什么？"艾伦思考了一会儿，然后问了一个问题。洛丽回答："好的，那么你会怎么回答？"他们接下来以这样的方式连续问了多个问题，直到艾伦变得愉快且眼中闪着亮光："我们可以回去了，教练过程结束，我已经实现我的目标了！"

共创（co-creating）包括关注现场的整个环境，创造和维持一个安全空间。"现在我们离结束还有 10 分钟，你认为我们还应该做些什么会对你有用？"

放手的艺术

有时候,教练会认为应该要问一些聪明的问题,或者,认为要对客户产生重大影响,这样才值得客户花钱。这种想法影响着我们的思维,会产生相反效果。放弃这种想法才是真实的。ICF 教练能力之一是这样界定的:要舍弃任何对自我、客户和教练过程的期许。

只有当你没有紧紧抓住任何东西时,你才能腾出双手。

当教练没有做任何事而只是陪伴客户左右,当无须贡献教练重要且聪明的建议而让客户顺其自然,这就是放手的时刻。有时,作为客户学习和进步的见证人就是一次教练。

放手也有助于我们保持必要的谦逊。谦逊教导我们,我们能做的唯一事情就是自信且优雅地为客户创建一个框架,有利于客户寻找自我学习的方法,并迈出一小步,达成解决之法 —— 仅此而已。

教练实例

超越技术

为了说明如何才能超越技术地进行一次教练会谈,我们为你举出了某次会谈片段。会谈是由我们的同事尤尔根·哈格里夫为一位名叫克劳斯的客户进行的教练,时间是 2005 年,我们在瑞士举行的现场演练之一,目的为了解释何为教练。

当你阅读以下对话时,你将会发现许多我们之前曾提到的学习提升领域 —— 甚至可能是其他更多的新内容。

摘录从教练开场开始:

尤尔根:好。如果这次教练效果理想的话,你知道你想要达到什么吗? 你知道这么做是否是对你有用的? 在会谈结束时,你认为应该发生什么,你就会说"好"?

克劳斯:不,我不知道我该做什么。

尤尔根:嗯,如果你能迈出一小步 —— 有可能今天你被推着前进 —— 如果你能朝向未来行动了,那么你是怎么确定这就是你想做的呢?

克劳斯:我可能会比较平静。

尤尔根:平静……

克劳斯:是的。

尤尔根:还有其他的吗?

克劳斯:不,我的情绪状态确实是个问题。

尤尔根:好,那么当你走出这一步,你的情绪状态会是什么样的?

克劳斯:可能是变得平静和放松。

尤尔根:你发现或感受到这种平静和放松有什么帮助?你的妻子怎么能够发现——噢,克劳斯有改变了。

克劳斯:是的,你自然会注意到。

尤尔根:你的妻子怎么能够注意到?

克劳斯:她会这么想,他可能有不同的方法来解决事情,这就是我的发现。然后这些小小的改善将会出现在不同的方面,而大的改善是我能够体会到平静。

尤尔根:哦,是的,太棒了。我能够理解。开始行动,获得经验,然后平静下来。

克劳斯:是的。

尤尔根:很好,那么,这对你今天而言能产生什么帮助?

克劳斯:事实上,我不能思考任何事情,不,此时此刻我真的不知道。

尤尔根:是,我知道了,这个问题……很简单,你现在就可以想一想:如果我早知道。这是很难了解的。

克劳斯:是的。

就尤尔根的合同澄清部分给予的赞赏式反馈:

⊙尤尔根的提问是如此贴近客户,并且他是如此多次而轻而易举地能够办到,我们对此印象深刻。他所提出的问题直接来自克劳斯的回答,并运用了克劳斯的表达方式和比喻,一直保持着耐心和关心。

⊙尤尔根对克劳斯的思考方式和想法表现出了许多欣赏和

理解。当克劳斯对所提问题无法回答时,尤尔根会试着让这看起来很正常——事实上也确实如此。这也是他能够成功保持会谈以及维持信任关系的原因之所在。

⊙尤尔根花费了点时间细心协商合同。只有当克劳斯理解并清楚教练能够产生帮助时,尤尔根在会谈中才会继续下一步。这是未知艺术的典型例子。

摘自会谈中间:

克劳斯:这是其中具体的一个步骤……

尤尔根:好的。

克劳斯:那是有可能会发生的。

尤尔根:嗯,这不仅仅可能会发生。或许这甚至不是真的有可能,但是确实是你真正想要去实现的。

克劳斯:哦,是的,确实。

尤尔根:有点像这样:哇,不管你是否接受,也不管这是否现实,这就是你非常想要做的。

克劳斯:这确实有难度。

尤尔根:是啊,有时候做一些事情的确会遇到困难。

克劳斯:非常有困难。

尤尔根:是。

克劳斯:我有个想法……

尤尔根:好的……

克劳斯:这与时间有关,有时候我感到有充裕的时间去做任何一件事。这是否就是一小步?

尤尔根:怎么会不是呢?

克劳斯:时间是内在的。我将会这么做——给自己时间,完全停止。

尤尔根:好的,时间。那你希望有多少?

克劳斯:足够。

尤尔根:多少算是足够?比如明天,明天是星期二,24小时中你希望能够有多少时间?

克劳斯:是哦,对,这太好了!

尤尔根:或许你想要拿走一些,这样你就只剩20小时了。这有可能吗?

克劳斯:也有可能,是的,这确实是难点……

尤尔根:当然,如果事情都是这么轻而易举,你可能早就做到了。

克劳斯:然后,我可能已经解决了。是的。

尤尔根:没错。现在,我们坐在这里……

克劳斯:当我现在说我需要多5个小时,或多10个小时或多24个小时时,我想我可能是需要更多时间。

尤尔根:可能会更多,那么,多少时间能够让你感觉上像拥有了?

克劳斯:5个小时。

尤尔根:5个小时。好的,让我来看看……哦,是的,我这儿还有5小时。

(尤尔根翻遍了他的口袋,然后伸出一只手,手上像是握了什么东西,然后小心翼翼地交给了克劳斯,克劳斯接了过去。)

克劳斯:超级……

尤尔根:你能理解吗? 来,我递给你……

克劳斯:你真善解人意!

尤尔根:这些是为明天留的。

克劳斯:谢谢。

尤尔根:很好,现在我很好奇,你打算用这5小时做些什么?

克劳斯:嗯,明天是这样,我起床后会先去看看儿子有没有起来。

尤尔根:哦,他多大了?

克劳斯:3岁半。

尤尔根:哦,是吗,他能一觉到天亮?

克劳斯:是的,他睡眠很好。有时候我认为他睡得太多,得叫醒他。但是我不会叫醒他。我会给他半小时,这样我就剩余4.5个小时,这足够了。如果他再睡个半小时,就像今天,那么我会……

尤尔根:如果你儿子再睡个半小时,这是你给他的,那么这半小时里你会做些什么?你只是站在他床边,然后注视着他,或者其他什么?

克劳斯:是的,这是个好问题。事实上这是给我自己和他的第一个小时,因为我早上变得平静了,不会快快快地催赶。

尤尔根:是。

克劳斯:今天我已经经历过了。

尤尔根:真的?

克劳斯:是的,我应该已经……但今天就像明天,因为……

尤尔根：这样的话，我可以收回这一小时，如果你想……

克劳斯：他比平常多睡了一个小时，我没有理他，自顾自地看报纸。

尤尔根：哦。

克劳斯：这太棒了，这太好了，但是我的心情没有很好因为我知道我应该……好吧，事实上，过去我常常在七点差一刻左右叫醒他，然后我们在八点一刻去托儿所。今天，我让他睡到了七点五十分，这对我来说，每一件事都变得平静。我坐在花园，喝了杯咖啡，然后看着报纸……当然，我还可以做更多的事情……

尤尔根：你确实做了许多事：你看了份报纸，喝了些咖啡，坐在花园……

我们认为好的地方是：

⊙尤尔根巧妙地处理这即时冒出的"5小时"的反应着实让人印象深刻。他创造了一个符合当下场景并符合当事人期望的未来。对话中充满了幽默和玩笑，这能够使客户产生新的观点。

⊙尤尔根使客户在一个非常放松和充满玩笑的环境中增加了他的控制感。他发出的邀请如果客户认为不适合，客户可以拒绝。

⊙尤尔根完全信任客户的"专家"身份，不管是在聚焦解决时还是在谈话结束时。客户决定什么时候是足够好，然后尤尔根欣然同意（见下文）。

摘自会谈结尾:

尤尔根:你的儿子可能是躺着在思考今天他可以搞些什么恶作剧呢。

克劳斯:有可能。

尤尔根:这次会谈的剩余时间不多了,但我们还处于中间阶段。

克劳斯:是呀。

尤尔根:我的问题是,你希望能够谈些什么?你仍需要什么或者我们就在这儿结束?

克劳斯:噢……

尤尔根:另一个难题!

克劳斯:是的,这确实比较困难。但是我想我们就让它这样吧。我觉得我可以结束谈话了。

尤尔根:我有个主意,你或许可以尝试一下。

克劳斯:哦,说说看。

尤尔根:你在谈论步骤时变得更平静了。我希望你能够站起来,来回走动一下,然后再坐下来。之后,我再问你问题。

克劳斯:好。

尤尔根:克劳斯,现在我们是应该让事情就这样,还是你仍旧想做些什么,或者你仍然需要些其他什么帮助?

克劳斯:嗯,我应该要做些什么……

尤尔根:仍然比较困难吗?

克劳斯:是的,我们就这样吧。

尤尔根：可以，那我们就这样了，谢谢。
克劳斯：我感觉这次会谈还不错！
尤尔根：那么，克劳斯，请好好利用你从我这拿走的 4 小时。
克劳斯：当然，谢谢！
尤尔根：非常感谢，谢谢！

在这次教练会谈的例子之后，我们将会与你告别。感谢你能够坚持阅读完。随着最后一个实践练习，我们就要说再见了。祝你好运！

实 践 练 习

多尺度衡量能力

我们的同事，来自伦敦 BRIEF 咨询中心的 Evan George 编制了一个简易工具，用以评估你的学习程度和能力。

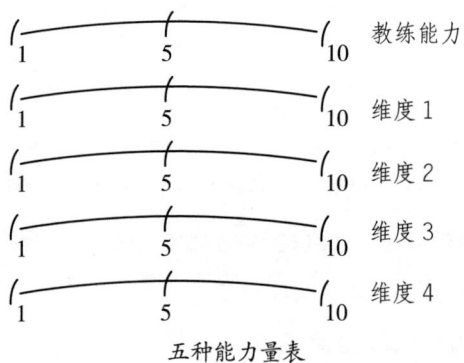

五种能力量表

建立刻度表

⊙ 在 1 至 10 分之间,你给自己的教练总体能力评几分?

⊙ 对你的总教练能力区分成 4 个维度,并分别命名,如区分为简短和有效的能力,然后对每个维度进行评分。

肯定已达到的能力

⊙ 在总分上,你的能力与 1 分时有什么区别?你是怎么做到从 1 分到现在所处的位置的?

⊙ 在每一个维度上,与 1 分相比,都有什么不一样?还有呢?请回想一次你表现得较为出众的时刻。那时候你的评分是怎么样的?那时候你做了些什么不一样的?

确定提升能力的线索

⊙ 再次回顾每个维度,找出一两件能使你注意到你已经提高 1 分的事情。

常见问题解答集锦

丹尼尔·迈耶、彼得·邵博和英文译者柯尔斯顿·蒂罗尔夫（Kirsten Dierolf）对客户、当事人、同事、朋友、熟人、亲戚等经常提及的部分问题作了解答。

你是怎么想到焦点冲浪教练中心（Solutionsurfers）这个名字的？

K.D.：我猜彼得的灵感肯定来自20世纪80年代电影《捉鬼敢死队》（*Ghostbusters*），与焦点冲浪者（solutionsurfers）的英文发音如出一辙。

P.S.：我确实非常喜欢这部电影！但是，我想焦点冲浪教练中心是源自我对冲浪的热爱。我着迷于这新新人类是如何在他们的滑雪板、滑板、冲浪板上体验生活。这是一种更为有趣和更为灵活处理起势和落势的方法，也最佳地利用了地势。

D.M.：我也认为焦点冲浪者这个词很美地诠释了利用已有的自然向前的动力寻找解决方案的理念。

你崇拜谁？

P.S.：我非常敬佩一些专业人士：从事教练的蒂莫西·加

洛韦和约翰·惠特莫尔；当然还有史蒂夫·德·沙泽和茵素·金·伯格，是我焦点解决式改变范例的来源。我很感激，我个人竟能与这些人有过接触。在他们的指导下，我曾痴迷于顿悟时刻，我在想，真的有这么简单？如果有这可能，这就是我一直想要学习和探索的内容。

D.M.：除了这些同事，对我来说，工作坊的学员也是一种榜样。尤其是当我看到他们表现出对学习和教练的好奇心和灵活性，以及带着一些轻松和认真。

K.D.：我的崇拜对象是茵素和史蒂夫，以及所有我曾访问过的天才教练督导们（包括现场的几位）。对我而言，这并不是追随一种技术，而是聚焦更广范围的体验：对客户目标的具体化，对解释和假设保持清晰的认识，对当下的庆贺，以及对互动的信任。

相比较而言，比如心理学家、教师或销售人员，这些领域的人会特别适合成为教练吗？

D.M.：我曾经与一位同事一起准备工作坊的场地，然后在找一些透明胶带（向P.S.眨眼）。他翻遍了衣服口袋，然后高兴地说："生命中最重要的是爱，第二重要的是透明胶带。"当然，这也是我认为成为教练的必要条件。成为一位教练可能不存在一些理想特质。对我而言最重要的是，你要以欣赏、尊重或爱的态度对待自己或他人。我成为教练的途径是通过教材、成人教育、音乐和管理经验。

P.S.：我们的共同点是拥有管理经验。在企业界进行教练时，这确实能够帮到我们。在我成立自己的教练培训公司以前，我曾做过律师,然后在人力资源管理部门工作过一些年。

K.D.(笑):作为任何管理顾问、培训师或教练,只有一种方式可以成为一位优秀的教练。你必须成为一位语言学家和神学家!不——其实我想说,如果你愿意学习组织、农场、工业、文化、客户的法则,这样你就能在客户的框架中进行对话,又不会失去对你熟悉领域的控制感。茵素过去常常说:"客户在他世界中前进一步,你在自己世界中也前进一步。(One step in the client's world and one step in your own.)"对我来说,重要的是要拥有我自己的世界,这样我就能够通过正确区分而加入客户的世界。

作为一位教练,你是怎么建立你的职业生涯的?

K.D.:我曾经为教练工作坊调查过市场,我认为最重要的方面是如果你想成为一位教练,你就必须演练。不要将时间花费在传单、主页、名片,以及所有你认为需要的事情上。进行你第一个50至100次的教练会谈(收费或免费),找到你偏爱的客户的自然风格,告诉他们作为一位教练你有何不同之处,以及你曾有幸指导过的一些了不起的人(当然,不必说出名字)。如此一来,我确保你将拥有美好的前程。

你认为进行认证或毕业于教练学校扮演着重要作用吗?

P.S.:我相信作为一位教练,保持持续的学习是成功的关键。合适的培训或经历认证过程是一个很好的了解你学习程度的机会。当然,越来越多的客户相信专业的资质,比如国际教练联盟(the International Coach Federation,简称ICF)或类似机构。但是,你的客户关注的是你教练过程中的品质,而不是挂在你墙上的证书。

在家中、在餐桌上,高效教练是什么样的?有没有与青春期孩子或岳母的焦点解决的成功对话案例?

D.M.:这是个非常有趣的问题。我对在家中进行教练保持审慎的态度,尽管有时候我会情不自禁地问出一句教练问话。比如:

儿子(12岁):噢,我受够了做家庭作业。所有这些算术题目!

教练爸爸:那如果不做家庭作业,你愿意做什么?

儿子(15岁):瞧你和你的教练提问。对那些付费给你的人进行指导吧!

教练爸爸:噢,对不起,我并不想问一个教练问题。

儿子(12岁):我不想要什么,但我想要你明白,做家庭作业是一件很困难的事。你却很容易地坐下就开始阅读。

儿子(15岁):以1至10分对困难进行评分,你此刻是几分?

教练爸爸:现在是你在教练了!

儿子(15岁):我只想证明给你看,我也能够做到!

儿子(12岁):今天是8分。

教练爸爸:哇,评分有点高哦!但我还想问一句,是什么让你知道是8分而不是10分,那样情况会更糟!

儿子(12岁):好吧,我们已经在学校讨论过家庭作业了。我知道应该怎么做了。现在我要完成它,否则我们谈论的时间越长,就越不可能完成。所以,请闭嘴吧!

P.S:我也曾经记录下一段与我13岁女儿之间的有趣对

话。你可以在 www.solutionsurfers.com 下载标题为"Dad, Can You Coach Me?"的资源,并且我能够理解丹尼尔的不情愿。在家中,我更愿意成为一位丈夫或父亲或朋友,而不是教练。

K.D.:我同意。我的孩子在我试着指导他们时也会变得抗拒。但是,有一个例子我记忆犹新,这在某种程度上改变了我与孩子相处时的关注点。在一个秋日阴沉的夜晚,我打算在一次课程前拜访我的教练培训师(朝彼得笑了一下),恰巧家中最年幼的孩子也刚从朋友家回来。他哭着说:"爸爸,外面很黑,我害怕极了。"我当下的冲动是做出如母亲般"乖乖兔"的举动。这位慈爱的父亲抱住他的儿子,说:"尽管你非常害怕,但你还是成功地在黑夜回到了家。你是多么勇敢!你是怎么做到的?"儿子立刻止住哭泣,然后开始告诉我,他是怎么从一个路口跑到下一个路口。

高效教练(brief coaching)的效果与文化有关吗?这个模型能否在中国起效?

P.S.:茵素和我写的一本书(英文书名为:Brief Coaching for Lasting Solutions. 台湾版书名:OFFICE 心灵教练——企业的焦点解决短期咨商。译者:李淑珺,出版日期:2007 年 8 月。)已被翻译成中文(译者注:繁体中文)。目前为止,我没有发现存在文化限制。一种尊重、欣赏和肯定的态度似乎在我工作过的所有场所下都适用。

有所裨益的是,这个模型以客户为中心。当我身处瑞士之外时,我特别会留意询问什么是适合我的客户和参与者的。一般而言,我认为在同一文化下两个不同人之间的交流也需要考虑到不同文化间的适应。

提到旅游,您今年有几个周末是在家中度过的?

D.M.:如果我在周末还要工作,我会安排星期一和星期二休息,但是这常常不能够实现。不可避免的是,我常常整周都在酒店度过,因此确实,我常常不能够待在家中。另一方面来说,彼得和我今年已经与家人度过充足的假期了。

K.D.:我通常周末会待在家中,尤其是当我培训焦点解决咨询师时。然而,在学习如何将休息与工作区分开来的方面,我远远落后于丹尼尔和彼得。我将会在某一天进行尝试,我确定,可能,我猜,某些时候……

P.S.:我在周末也常常做国际旅行。但是,我很骄傲地说,最近的周末我都待在家中,并且真正放下了工作。在开始这项事业的头10年中,这是绝对不会发生的事情。我多少对我新获得的自信而平静的想法感到有点惊讶。这几乎是个奇迹。

你相信奇迹吗?

D.M.和K.D.:当然!

P.S.:有或没有教练,都会发生奇迹。

你还相信什么?

D.M.:焦点解决模式将会继续得到推广,将会给企业界带来更多的安定。事实是创造出来的。

K.D.:相信我的客户。

P.S.:我们的期望就是我们的能力的先行者。

参考书目及相关网站资源

关于焦点解决教练的参考书

Berg, Insoo Kim and Peter Szabó. *Brief Coaching for Lasting Solutions*. W. W. Norton and Company, 2005.

Berg, Insoo Kim and Peter De Jong. *Interviewing for Solutions*. Cengage Learning Services, 2007.

Cauffman, Louis, and Kirsten Dierolf. *The Solution Tango: Seven Simple Steps to Solution in Management*. Cyan Books, 2006.

Jackson, Paul Z., and Mark McKergow. *The Solutions Focus: Making Coaching and Change SIMPLE*. Nicholas Brealey, 2006.

McKergow, Mark, and Jenny Clarke, eds. *Solutions Focus Working*. SolutionsBooks, 2006.

Meier, Daniel. *Team Coaching With the Solution Circle: A Practical Guide to Solutions Focused Team Development*. SolutionsBooks, 2005.

Rohrig, Peter, ed. *Solution Tools*. SolutionsBooks, 2008.

其他关于教练的参考书

Gallway, W. Timothy. *The Inner Game of Work: Focus, Learning, Pleasure and Mobility in the Workplace*. Random House, 2001.

Orem, Sara L., Jacqueline Binkert, and Ann L. Clancy.

Appreciative Coaching: A positive Process for Change. Jossey–Bass, 2007.

Whitmore, John. *Coaching for Performance: Growing People, Performance and Purpose.* Nicholas Brealey, 2002.

[网站链接]

教练网站

International Coach Federation. Web site with links to coaches all over the world, information about ICF certification and international conferences. www.coachfederation.org.

European Mentoring and Coaching Council. Web site with conferences, journal, and quality award. www.emccouncil.org.

焦点解决教练网站

International Association of Solution Focused Coaches, Consultants and Trainers. Web site with the most complete resources about solution-focused work in organizations. www.asfct.org

SolutionCircle. Solution focused work with teams. www.solutioncircle.com

Solutionsurfers. Peter Szabó and Daniel Meier offer internationally accredited coach trainings in Switzerland and hold workshops worldwide. www.solutionsurfers.com

SolutionsAcademy. Information on solution focus and solution-focused consulting services. www.solutionsacademy.com

sfwork. New solution-focused books in English. www.sfwork.com

后 记

移民到加拿大，和许多华人一样，总希望找点有意义的事情做做。考虑到自己多年的职业教练背景，于是在网上发现了多伦多大学焦点解决教练培训。我是在多伦多大学继续教育学院焦点教练课堂上认识来自瑞士的彼得老师的。当时觉得很好奇，他更像是从哪里跑过来的老顽童，满头是未经打理的卷发，怪怪的，课堂上有他从瑞士带来的巧克力、图画书、玩具，还有一些至理名言挂在四周，课堂气氛轻松、愉快。他和我从前见过的大师的形象完全不同。他两天的课上下来，互动、探讨、学习、练习，觉得作为老师，他似乎没做什么，都是我们在活动和分享。当时，我很生气，觉得没有收获，也拿不到什么有价值的资料留存，和以前我学习到的几个博大精深的教练系统完全不同。终于在另外一个模块的课后，我忍不住问到项目主任 Haesun 老师。我几乎是谴责的口气问，为什么不在课堂上多讲一些内容，比如焦点理念、经验、方法……

Haesun 的回答至今对我都在产生着影响。她说，课前我们已经将这部分内容通过邮件告知学员进行了预习，在课堂上我们要创造一个人学习无法创造的体验，让学员的时间更有价值！尽管与东方文化传授方式有巨大差异,但我慢慢适应了这种学习方式,也真正懂得了焦点。我喜欢焦点的简单、焦点的细节、焦点的通用和焦点的实用。在大道至简表面的背后,我也能感受到焦点对客户无微不至的人文关怀,而且经过不断训练后,能体会到焦点教练的神奇效果。那时就有一个想法不时闪现,就是让更多的中国人学习到焦点。在去年焦点解决治疗大会上,我作为会议志愿者有幸巧遇中国焦点第一人骆宏和华人焦点第一人,来自台湾的许维素老师,也再次遇到了诙谐、幽默的彼得和知名焦点教练,来自新加坡的西蒙(Simon)老师。大师云集多伦多,自然谈到焦点如何带到中国,大师们怀揣着对焦点的尊重和爱护,一致认为影响了中国才算影响了世界。

  于是,凭借我对中国教练事业的热情和骆宏老师对焦点十年的执着,我们开始了中国焦点教练的推动。这个想法很快得到了多伦多大学项目负责人 Haesun,我的老师,以及中科院心理所史占彪老师的支持。

  随着这个项目紧锣密鼓地成功推进,我才有更多的机会了解彼得。最难忘的就是今年夏季一行八人,号称八仙过海,参加了彼得导师的培训师的培训课程。当时有一种"一问惊醒梦中人"的感觉,也亲眼目睹了在彼得的课堂上,具有十年焦点治疗背景的骆宏老师、精神分析专家史占彪老师、准提法网络佛学学院院长高七师还有中国第一位双语 PCC 非凡老师的变化,似乎彼得什么都没做,但神奇的效果却出现在他督导的每一个学员身上,而且影响深远。我开始重新审视这位导师,焦点教练的创始人彼得。他不只是传播,还在践行着焦点的精神,完全活出了对学生的全然欣赏、信任,也体会到了与其他教练系统的差异,同时产生更加强烈的愿望——把他写的焦点教练的精华翻译给中国的学习者。这本书浅显易懂,可谓踏雪无痕,也正是焦点精神之所在,不留痕迹地支持到他人。用你最简短的、最有效的方式支持到你的客户,把每一次教练作为最后一次是教练者的目标。

有幸接触到焦点教练并把它成功带到中国,是我一生中最自豪的事。有机会为自己敬仰的导师翻译书籍,我觉得很幸福。感谢 Haesun 老师对我的耐心和信任,感谢骆宏老师译书的建议及在焦点学习的路上一路引领,感谢中科院心理所史占彪老师和后现代专家团队对焦点教练的高度重视和积极参与,也感谢以非凡教练为代表的专业教练们的支持。由于各位身体力行的参与和精进的学习,焦点文化已经开始渗透到政府、企业、教育的各个重要的领域,这也正是焦点在众多教练系统中可以脱颖而出并服务于更多组织机构的原因。感谢首期焦点教练培训班的所有同学。最重要的是,谢谢杭州焦点中心的岳蕾、钟爱芳,协助完成本书翻译的很多辅助工作。

期待在焦点教练的道路上,让我们彼此滋养优势、喂养希望、筑梦踏实、一路同行。

陈子涵